W0383495

DINGEN DIE JE ALLEEN ZIET
ALS JE ER DE TIJD VOOR NEEMT

www.boekerij.nl

HAEMIN SUNIM

Dingen die je alleen ziet als je er de tijd voor neemt

Rust vinden in een drukke wereld

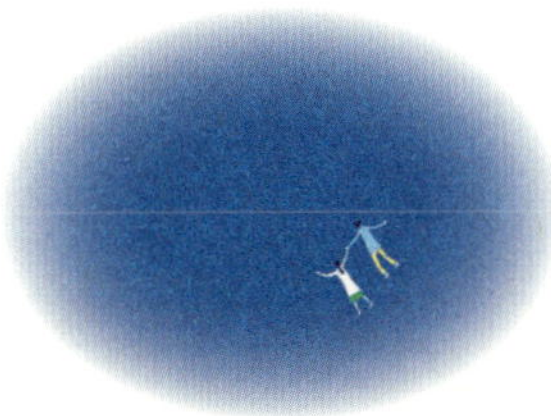

BOEKERIJ

Eerste druk juni 2017
Zevende druk oktober 2017

ISBN 978-90-225-8112-4
ISBN 978-94-023-0933-1 (e-book)
NUR 770

Oorspronkelijke titel: *The Things You Can See Only When You Slow Down*
Oorspronkelijke uitgever: Penguin Books
Vertaling: Hennie Volkers
Omslagontwerp: Pinta Grafische Producties
Illustraties: Youngcheol Lee
Zetwerk: Zeno, Amsterdam

© 2012 Haemin Sunim
Engelstalige uitgave © 2017 Chi-Young Kim en Haemin Sunim
Nederlandstalige uitgave © 2017 Meulenhoff Boekerij bv, Amsterdam

Niets uit deze uitgave mag openbaar worden gemaakt door middel van druk, fotokopie, internet of op welke andere wijze ook, zonder voorafgaande schriftelijke toestemming van de uitgever.

INHOUD

3 PASSIE

4 RELATIES

5 LIEFDE

6 HET LEVEN

7 DE TOEKOMST

8 SPIRITUALITEIT

NAWOORD

INLEIDING

ALS ZENMONNIK en voormalig hoogleraar aan een kleine liberale kunstacademie in Massachusetts krijg ik vaak vragen over hoe je om moet gaan met de uitdagingen in het leven. Naast het delen van mijn advies, persoonlijk en via e-mail, ben ik een paar jaar geleden begonnen vragen te beantwoorden via sociale netwerk-sites, want ik vind het een fijn gevoel om contact te hebben met mensen. Mijn boodschappen waren meestal eenvoudig, oprecht en kort. Soms antwoordde ik rechtstreeks op een gestelde vraag, soms schreef ik een memootje aan mezelf als ik een interessant denkpatroon ontdekte tijdens de mindfulness-beoefening of in interacties met mensen. Ik sprak ook over de waarde van het langzaamaan doen in ons drukke moderne leven, en over de kunst om goede relaties te onderhouden en zelfcompassie te kweken.

Ik had niet verwacht dat er zo veel reacties

zouden komen op mijn tweets en Facebook-posts. Een groot aantal mensen stuurde me berichtjes, niet alleen om advies te vragen, maar ook om hun waardering en dankbaarheid te uiten. Ik herinner me nog een jonge moeder die haar man bij een auto-ongeluk was verloren en mij een oprecht bedankje schreef omdat ze dankzij mij geen zelfmoord had gepleegd; ze vertelde dat ze er nooit aan had gedacht van zichzelf te houden, omdat liefde voor haar altijd had betekend dat ze die aan iemand anders gaf. Een drukke zakenman van in de veertig vertelde me hoe heerlijk het was om de dag met mijn berichtjes te beginnen. Ze betekenden voor hem een moment van stille reflectie en rust in zijn hectische schema. Een pas afgestudeerde jongeman die ontmoedigd was geraakt omdat hij maar geen baan kon vinden, las mijn stimulerende woorden en probeerde het nog een keer – waarop hij eindelijk een baan vond. Toen ik zijn nieuwtje las, was ik een paar dagen lang dolblij, alsof ik zelf mijn eerste baan had gevonden.

Het maakte me intens gelukkig dat mijn eenvoudige boodschappen mensen konden inspireren en hen in moeilijke tijden konden helpen. Toen mijn boodschappen door steeds meer mensen werden gedeeld en het aantal volgers op Twitter en Facebook groeide, begonnen mensen me een 'helende mentor' te noemen, wat uiteindelijk mijn bijnaam werd in Korea. Op een gegeven moment namen uitgeverijen contact met me op om mijn geschriften in een boek te verzamelen. In 2012 kwam *Dingen die je alleen ziet als je er de tijd voor neemt* uit in Zuid-Korea en tot ieders verbazing bleef het eenenveertig weken op nummer één van de bestsellerlijst staan. In drie jaar werden er meer dan drie miljoen exemplaren van verkocht. Vertalingen volgden – in het Chinees, Japans, Thai, Frans, Engels en nu in het Nederlands. Ik word nederig door de aandacht die het boek heeft gekregen en nog krijgt, en hoop dat het de Nederlandse en Vlaamse lezers kan helpen, net zoals het de lezers in de andere landen heeft geholpen.

Het boek heeft acht hoofdstukken waarin verschillende aspecten van het leven aan bod komen – van liefde en vriendschap tot werk en ambities – en de manier waarop mindfulness daarbij kan helpen. Zo behandel ik hoe je mindful met negatieve emoties als woede en jaloersheid om kunt gaan, maar ook met de teleurstellingen in het leven, waarbij ik diep in mijn eigen verleden graaf om mijn ervaring met mislukking als jonge hoogleraar te delen. Als je te zelfbewust bent kunnen de 'drie bevrijdende inzichten' uit hoofdstuk zes heel nuttig zijn. Als je je zorgen maakt over je toekomst

of niet zeker weet wat je roeping is, geef ik je advies over de manier waarop je je zelfbewustzijn kunt vergroten – en hoe je het kunt ontdekken.

Elk hoofdstuk begint met een beschouwing, gevolgd door een reeks korte boodschappen: woorden van advies en wijsheid, rechtstreeks aan jou gericht, om een voor een over na te denken, nog eens over na te denken en te onthouden, zodat ze bij je zijn in momenten van onrust of vertwijfeling en je eraan herinneren dat je niet alleen bent. Het hoofdstuk gaat daarna verder met een korter essay, gevolgd door een reeks korte aanwijzingen om te mediteren.

In het hele boek vind je illustraties van Youngcheol Lee. Ze zijn bedoeld als rustgevende intermezzo's om bij stil te staan, net als bij de aanwijzingen de bedoeling is.

Sommige mensen lezen het boek net zo snel als ze een roman zouden lezen. Ik raad je echter aan er de tijd voor te nemen en na te denken over wat je net hebt gelezen voor je naar een volgend hoofdstuk gaat. Je geniet er meer van en vindt diepere betekenissen als je elk hoofdstuk langzaam doorneemt. Maak vooral notities in de marge of markeer delen die een reactie bij je oproepen.

Ik hoop dat je door tijd door te brengen met dit boek een mogelijkheid schept om in je drukke leven na te denken en te mediteren. Ik hoop dat het je inspireert om in verbinding te komen met de milde en wijze kant van jezelf. Moge je gelukkig en gezond zijn, en in vrede leven – altijd beschermd tegen het kwaad.

1 RUST

Waarom heb ik het zo druk?

Als alles om me heen zo snel gaat, sta ik stil om me af te vragen: 'Is het echt de wereld die zo druk is, of is mijn geest zo druk?'

We denken meestal dat 'de geest' en 'de wereld' onafhankelijk van elkaar bestaan. Als iemand zou vragen waar onze geest zich bevindt, zouden de meesten van ons naar ons hoofd of ons hart wijzen, maar niet naar een boom of de lucht. We zien een duidelijke grens tussen wat er in onze geest omgaat en wat er in de buitenwereld gebeurt. Vergeleken met de enorme buitenwereld kan de geest die in ons lichaam ligt genesteld heel klein, kwetsbaar en soms machteloos lijken. Volgens de leer van de Boeddha is de grens tussen de geest en de wereld in werkelijkheid heel dun, poreus en uiteindelijk denkbeeldig. Het is niet zo dat de wereld feitelijk goed of slecht is en een overeenkomstig gevoel in ons teweegbrengt. Nee, gevoelens ontstaan doordat de geest haar subjectieve ervaringen op de wereld projecteert. De wereld is niet fundamenteel vreugdevol of treurig, ze ís gewoon.

Misschien begrijpen we dat beter aan de hand van een gesprek dat ik eens had met een lieve vriendin, een betrouwbare, nauwgezette boeddhistische non. Nog niet zo lang geleden hield ze toezicht op de bouw van een meditatieruimte in haar tempel. Nadat ze had verteld wat voor beproeving het onder andere was geweest om de benodigde vergunningen te krijgen en de goede aannemer te vinden, beschreef ze het bouwproces als volgt:

'Tegen de tijd dat er pannen op het dak moesten komen, zag ik overal dakpannen. Ik zag van welk materiaal ze waren gemaakt, hoe dik ze waren en het patroon dat ze hadden. En toen het tijd was om de vloer te leggen, zag ik overal vloeren. Ik richtte me natuurlijk op de kleur, de herkomst, het patroon en de duurzaamheid van hardhouten vloeren. Toen werd het me opeens duidelijk: als we naar de wereld om ons heen kijken, zien we slechts een klein deel dat ons interesseert. De wereld die we zien is niet het hele universum, maar een beperkt universum waar de geest op dat moment aandacht voor heeft. Maar *voor onze geest is dat kleine stukje wereld het hele universum*. Onze werkelijkheid wordt niet gevormd door de oneindige kosmos, maar door het kleine stukje dat we uitkiezen om ons op te concentreren. De werkelijkheid bestaat omdat onze geest bestaat. Zonder de geest zou er geen universum bestaan.'

Hoe meer ik erover nadacht, hoe redelijker ik haar inzicht vond. De wereld ontstaat omdat wij ons ervan bewust zijn. We kunnen niet leven in een werkelijkheid waarvan we ons niet bewust zijn. De wereld is afhankelijk van onze geest om te kunnen bestaan, net zoals onze geest afhankelijk is van de wereld als onderwerp van ons bewustzijn. Je zou ook kunnen zeggen dat het bewustzijn van onze geest de wereld doet ontstaan. Datgene waar onze geest zich op richt, wordt onze wereld. Als je het zo bekijkt, lijkt de geest niet onbelangrijk in relatie tot de wereld om ons heen, toch?

We kunnen en willen niet elk afzonderlijk ding dat op de wereld gebeurt, weten. Als dat zo zou zijn, zouden we gek worden van de te grote overvloed aan informatie. Als we door de lens van onze geest naar de wereld kijken, zoals mijn vriendin deed, zullen we vlug zien wat we zoeken, omdat onze geest zich daarop richt. Omdat de wereld die we door het oog van onze geest zien beperkt is, kunnen we de wereld in overeenstemming met onze geestesgesteldheid ervaren, als we onze geest kunnen trainen en op een verstandige manier gaan kiezen waar we ons op gaan richten.

Als monnik en hoogleraar word ik in veel verschillende richtingen geduwd. Doordeweeks geef ik les en doe ik onderzoek, en in het weekend rijd ik een paar uur om mijn plichten in de tempel van mijn leermeester te vervullen. In de schoolvakanties heb ik het nog drukker. Ik moet oudere monniken bezoeken, als tolk fungeren voor monniken die geen Engels spreken, naar allerlei tempels om lezingen over de dharma te geven en ook nog tijd zien te vinden om zelf te mediteren. En bovendien doe ik nog steeds onderzoek en schrijf ik academische verhandelingen.

Om eerlijk te zijn: ik vraag me soms af of een zenmonnik zo'n volle agenda zou moeten hebben. Maar dan besef ik dat niet de wereld om me heen zo'n wervelwind is, maar alleen mijn geest. *De wereld heeft nog nooit geklaagd dat ze het zo druk heeft.* Als ik diep binnen in mezelf kijk om te weten te komen waarom ik zo'n druk leven heb, besef ik dat ik het – tot op zekere hoogte – eigenlijk leuk vind om het druk te hebben. Als ik echt rust wilde, zou ik minder uitnodigingen om les te geven kunnen aannemen. Maar ik ben blij met die uitnodigingen, omdat ik het fijn vind om mensen te ontmoeten die om mijn raad vragen en ze te helpen met het kleine beetje wijsheid dat ik heb. Zien dat andere mensen gelukkig zijn is een grote bron van vreugde in mijn leven.

Volgens een beroemd boeddhistisch gezegde verschijnt iedereen als boeddha in de ogen van de Boeddha en als varken in de ogen van een varken. Dat suggereert dat de wereld wordt ervaren in overeenstemming met je geestesgesteldheid. Als je geest blij is en meelevend, is de wereld dat ook. Als je geest vol negatieve gedachten is, lijkt de wereld ook negatief. Als je je overweldigd en druk voelt, denk er dan aan dat je niet machteloos bent. Als je geest rustig is, is de wereld dat ook.

달과

Wij kennen de wereld alleen
door het venster van onze geest.
Als onze geest luidruchtig is, is de wereld dat ook.
En als onze geest vredig is, is de wereld dat ook.
Kennis hebben van onze geest is net zo belangrijk als
proberen de wereld te veranderen.

Ik wring mezelf een metro in.
Overal om me heen zijn mensen opeengepakt.
Ik kan me kwaad maken
of bedenken dat het fijn is dat ik geen leuning hoef
vast te houden.
Mensen reageren verschillend op dezelfde situatie.
Als we er beter naar kijken,
zien we dat het niet de situatie is waar we last van hebben,
maar onze benadering ervan.

Tsunami's zijn angstaanjagend
– niet alleen vanwege het water,
maar ook door de voorwerpen
die het water naar ons toe smijt.
Tornado's zijn afschuwelijk – niet alleen vanwege de wind,
maar ook door de voorwerpen die uit de grond worden
gerukt en door de wind worden weggegooid.

We voelen ons niet alleen ongelukkig
omdat er iets ergs is gebeurd,
maar ook door de rondkolkende gedachten
over wat er is gebeurd.

Als je een onaangenaam gevoel hebt,
pak het dan niet vast om het van alle kanten te bekijken.
Laat het met rust, zodat het kan stromen.
De golf van emotie zal uit zichzelf terugwijken
als je hem maar niet voedt door erbij stil te blijven staan.

Om eten los te krijgen uit een braadpan hoef je alleen maar
water in de pan te gieten en te wachten.
Na een poosje laat het eten vanzelf los.

Worstel niet om je wonden te helen.
Giet alleen tijd in je hart en wacht af.
Als je wonden er klaar voor zijn
helen ze vanzelf.

Als we weten hoe we tevreden kunnen zijn,
kunnen we onze eindeloze strijd opgeven
en de kalmte verwelkomen.
Als we weten hoe we tevreden kunnen zijn,
kunnen we genieten van de tijd die we hebben
met de persoon naast ons.
Als we weten hoe we tevreden kunnen zijn,
kunnen we vrede sluiten met ons verleden
en onze bagage achterlaten.

Als je, zelfs na vele pogingen, een nare situatie niet hebt kunnen oplossen,
zou je de manier waarop je naar die situatie kijkt moeten veranderen.
Niets is wezenlijk goed of slecht.
Goed en slecht zijn altijd relatief.
Vergelijk je situatie met die van iemand
die het slechter heeft.
Nu lijkt jouw situatie eigenlijk helemaal niet zo slecht meer.

Als je gestrest bent, wees je dan bewust van je stress.
Als je geïrriteerd bent, wees je dan bewust van je irritatie.
Als je boos bent, wees je dan bewust van je kwaadheid.
Zodra je je bewust wordt van deze gevoelens
ben je er niet langer in verdwaald.
Je bewustzijn stelt je in staat er van buitenaf
getuige van te zijn.
Bewustzijn is in wezen puur, als de open hemel.
Stress, irritatie en boosheid kunnen de lucht tijdelijk verduisteren,
maar nooit vervuilen.
Negatieve emoties komen en gaan als wolken,
maar de weidse, open lucht blijft.

We moeten iets doen
als kwaadheid, wanhoop of verdriet
zich ophopen in ons hart
als giftige stoffen die ons lichaam langzaam vullen.
Doe oefeningen, praat met je leermeester,
mediteer op liefdevolle vriendelijkheid.
Als we eraan beginnen, raken de giftige stoffen
hun grip op ons kwijt.

Veroorzaken herinneringen pijn?
Oefen erin om in het huidige moment te zijn.
Richt je aandacht op het hier en nu.
Merk op dat je gedachten tot bedaren komen als je
je op het huidige moment richt.
Terwijl je gedachten rustiger worden,
doen je herinneringen hetzelfde.
Want herinneringen zijn in essentie gedachten.

Als je werk erop zit en je weggaat
terwijl je je afvraagt:
'Moet ik mijn hele leven op deze manier doorbrengen?'
kun je het volgende proberen.
Zorg dat je de volgende morgen iets vroeger wakker wordt
en ga in stilte zitten, alsof je mediteert.
Adem diep en langzaam in
en vraag je af in hoeverre je werk anderen helpt,
ook al is het misschien onbetekenend en indirect.
Als je je meer op anderen richt
kun je je opnieuw verbinden met de betekenis en
het doel van je werk.

Een heel modern dilemma:
er zijn ontelbaar veel televisiezenders
maar er is niets interessants om naar te kijken.
Te veel keuze maakt de mens ongelukkig.

Ben je in de war of verkeer je in tweestrijd?
Zorg dat je een nacht goed slaapt.
Als je de volgende morgen wakker wordt,
lijkt het probleem niet zo erg meer.
Het werkt, echt waar.

Als je rustiger wilt slapen,
denk dan zodra je hoofd op het kussen ligt
aan de mensen die je dankbaar bent
of aan de keren toen je anderen hielp en een goed gevoel
over jezelf had.
Dat verwarmt je hart en schenkt je een rustigere slaap.

Met liefde in ons hart
vinden we zelfs de gewoonste dingen heilig en mooi.
Met liefde in ons hart
worden we vriendelijker en aardiger,
zelfs tegen complete vreemden.

Zonder liefde in ons hart vinden we de wereld
nietszeggend en willekeurig.
Zonder liefde in ons hart worden we vreemden
– zelfs voor onze familie en vrienden.

Als we openstaan voor anderen,
durven we kwetsbaar en eerlijk te zijn.
Als we hartelijk zijn ten opzichte van anderen
willen we gelukkig en verbonden zijn.

Doe je ogen dicht, haal diep adem en zeg:
'Ik hoop dat mijn vrienden en kennissen gelukkig
en beschermd mogen zijn!'
Als je dat uit, zul jij je ook geliefd
en beschermd voelen.

Als we ons op ons gemak voelen met onszelf
en onszelf helemaal hebben geaccepteerd
zullen anderen ons benaderbaar vinden
en van ons houden om wie we zijn.

Ik wou dat je mijn ware aard kon zien.
Achter mijn lichaam en etiketten
stroomt een rivier van tederheid en kwetsbaarheid.
Achter de stereotypen en veronderstellingen
ligt een dal van openheid en authenticiteit.
Achter herinneringen en ego
ligt een oceaan van bewustzijn en compassie.

Een wijze vecht niet tegen de wereld.
Op de meest ontspannen en speelse manier
belichaamt hij gewoon de waarheid dat hij er één mee is.

Als het leven je teleurstelt, neem dan even rust

Als je vertrouwen wordt beschaamd, als je hoop uiteenspat, als een geliefde je verlaat, neem dan even een pauze in je leven om uit te rusten.

Omring jezelf met goede vrienden als dat mogelijk is en deel eten en drinken terwijl je langzaam de opgekropte verhalen van verraad, teleurstelling en pijn naar boven laat komen.

Ga naar de bioscoop, alleen of met je beste vriend(in). Kies de onnozelste film, zelfs al kijk je normaal nooit naar comedy's, en lach hardop tot het pijn doet. Laat een paar tranen, alsof niemand kijkt, als een zorgeloze tiener.

Zoek een lied dat je hart raakt. Beluister het telkens opnieuw en zing steeds weer mee, alsof je het doet voor alle gewonde zielen.

Als dat allemaal niet helpt, gebruik je je snipperdagen om een reisje te maken. Ga ergens naartoe waar je altijd al naartoe hebt willen gaan – de Grand Canyon, de Camino de Santiago, Machu Picchu.

Helemaal alleen. Alleen jij en de weg.

Als je een tijdje alleen bent geweest, ga je naar je eigen heilige plek. Sluit je ogen en maak je geest leeg.

Roep de kern van de compassie op, ook al ben je niet zo heel spiritueel, en voel de omarming van de aanvaarding.

Ook al ben je somber en is je hart gebroken, ik weet dat je ooit mij was en ik jou.

Dus vandaag bid ik voor jou.

Hou van jezelf, ondanks je onvolkomenheden.
Voel je geen medeleven voor jezelf
terwijl je je door het leven worstelt?
Je wilt je vrienden zo graag helpen,
maar je behandelt jezelf zo slecht.
Streel je hart af en toe en zeg tegen jezelf:
'Ik hou van je.'

Schrijf alles wat je onder druk zet op een stukje papier.
Maak een lijstje van alles wat je zou moeten doen,
ook de minder belangrijke dingen
– de planten water geven, e-mails beantwoorden.
De spanningen staan nu op een stukje papier
en zijn uit je gedachten.

Ontspan je dus vanavond.
Zeg tegen jezelf dat je morgen de lijst punt voor punt zult
afwerken, te beginnen bij het gemakkelijkste.

Als je de volgende ochtend je ogen opendoet
zijn je lichaam en geest er klaar voor.
Dat garandeer ik je.

Geef niet op als je kritiek krijgt.
Leer het naast je neer te leggen als mensen niet begrijpen
wat je te zeggen hebt.
Als je kritiek krijgt, betekent dat dat je de aandacht van
mensen hebt.
Houd moed en ga verder op het pad dat je bent ingeslagen.

Het leven leert ons dingen door middel van onze fouten.
Als je een fout maakt, vraag je dan gewoon af wat je ervan
moest leren.
Als we deze lessen nederig en dankbaar accepteren,
groeien we zo veel meer.

Om gelukkig te zijn is het niet nodig veel moeite te doen
om ergens anders terecht te komen.
We kunnen ons beter ontspannen in het huidige moment
terwijl we humor vinden in ons leven.
Met humor wordt het leven licht en ontspannen.
En gelach zorgt er altijd voor dat mensen openheid en
vreugde ervaren.

Humor opent gesloten harten.
Humor kan ons bevrijden uit de greep van onze gedachten.
Als we glimlachen, voelen we dat we dingen kunnen
accepteren die we vroeger niet konden accepteren.
We voelen dat we mensen kunnen vergeven die ons
onrecht hebben aangedaan.
Humor is een essentieel onderdeel van het leven.

Als we blij zijn, opent ons hart zich voor nieuwe dingen.
Als we in een slechte bui zijn, kunnen we niet openstaan
voor nieuwe dingen,
hoe prachtig ze ook zijn.
Zonder vreugde in je hart
ga je langzaam vooruit en is die vooruitgang oninteressant.

Mensen die speels en ontspannen werken
doen dat efficiënt en op een creatieve manier.
Mensen die non-stop werken, alleen door stress gedreven,
werken zonder vreugde.

Om je werk lange tijd te kunnen blijven doen
moet je het niet als alleen maar werk beschouwen.
De weg naar geluk ligt niet alleen
in het vinden van een goede baan,
maar ook in het leren genieten van dat
wat van je gevraagd wordt.

Voel je je niet op je gemak of depressief?
Kijk dan eens een poosje naar het gezicht
van een slapend kind.
Dan zul je al snel golfjes van vrede voelen.

Een gezin wandelt over de gevallen herfstbladeren.
De vader tilt zijn vijf jaar oude zoontje op
en het jongetje overlaadt hem met kusjes.
De moeder kijkt met een glimlach toe.
Als we de tijd nemen om om ons heen te kijken
zien we dat we omringd worden
door prachtige momenten.

Wil je je kind gelukkig maken?
Neem vandaag dan iets eerder vrij van je werk.
Wacht hem op bij school.
Stoei wat met hem op het speelplein.
Laat hem kiezen waar hij wil gaan eten.
En overlaad hem met liefhebbende aandacht.
Haal op weg naar huis ijs voor het hele gezin.

Je kind zal zich deze dag altijd herinneren.

Zorg dat je zo veel mogelijk met je gezin reist
voordat je kind volwassen is.
Hoewel we ons gezin elke dag zien,
zijn we niet echt samen.
Verandering van omgeving kan wonderen doen
en gezinnen dichter bij elkaar brengen.
Een goed gezinsuitje kan een scheiding voorkomen.

Muziek wordt mooi door
de afstand tussen de noten.
Een toespraak wordt goed door
de juiste pauze tussen de woorden.
We zouden af en toe adem moeten halen
en de stilte tussen de geluiden waarnemen.

Als je een belangrijke beslissing moet nemen,
lig er dan niet wakker van.
Slik alleen het speciale medicijn 'tijd' en wacht.
Je onderbewustzijn zal het antwoord zoeken.
Twee dagen later, misschien drie,
zal het antwoord beginnen te dagen
– als je wakker wordt, een douche neemt
of met een vriend praat.

Vertrouw je onderbewustzijn en geef jezelf de tijd.

Als er iets verkeerd gaat,
kijken we vaak naar binnen en geven we onszelf de schuld.
Maar is het werkelijk onze schuld?
Als ik bijvoorbeeld James Taylor was
en iemand op zoek was naar Pavarotti,
zou ik natuurlijk niet worden gekozen.
Maar dat betekent niet dat ik geen muzikaal talent heb.
Het betekent alleen dat ik op dat moment
niet de juiste persoon ben.
Heb dus meer zelfvertrouwen
en maak je er niet al te druk over.

Zelfs al heb je alleen maar een bord cornflakes
als avondeten,
eet het dan met de liefhebbende houding dat je jezelf voedt.
Is het niet vermoeiend om steeds maar voor je lichaam te
moeten zorgen?
Geef jezelf een schouderklopje voor het moeilijke werk
dat je doet.
Ga dan een uur eerder naar bed
als geschenk voor je lichaam.

Zit je ergens mee?
Maak dan een wandeling in de zon.
Door de warmte van de zon
komt er serotonine vrij in je lichaam
en dat kalmeert de geest.
Als je toelaat dat je geest bij dat probleem blijft hangen
zonder dat je te erg probeert de oplossing te vinden,
komt het antwoord vanzelf in je op.

Als je erop blijft hopen dat anderen je troosten
kan die behoefte een last voor je worden.
Als je voortdurend gehoord wilt worden
kan niemand die behoefte helemaal bevredigend vervullen.
In plaats van altijd steun bij anderen te zoeken
kun je beter anderen steun bieden en naar ze luisteren.
Tijdens het helpen
zul je geheeld worden.

Koop in plaats van een lot
bloemen voor jezelf en je gezin.
Als je bloemen koopt en die in de kamer zet
zul je je elke keer wanneer je die kamer betreedt
weer een winnaar voelen
en weelderige schoonheid zien.

Heeft iemand je teleurgesteld?
Heeft iets je verdrietig gemaakt?
Dat is de school van het leven die je een belangrijke les
probeert te leren.
Wanneer je je er klaar voor voelt kun je de tijd nemen om
de les te begrijpen.

De wereld draait ook wel verder zonder jou.
Laat het idee los dat jouw manier de enige goede is,
dat jij de enige bent die iets kan laten gebeuren.

Hoe dankbaarder we ons voelen,
hoe gelukkiger we worden.
Dat komt omdat dankbaarheid ons helpt beseffen
dat we met elkaar verbonden zijn.
Niemand voelt zich afgescheiden als hij dankbaar is.
Dankbaarheid maakt ons bewust van de waarheid van
onze onderling afhankelijke aard.

Als je echt om anderen geeft en manieren zoekt
om hen te helpen slagen,
hoef je geen manieren te zoeken
om je stemming te verbeteren.
Een onbaatzuchtige, attente daad zal je goeddoen
en je gevoel van eigenwaarde vergroten.
Als je een slechte dag hebt, kun je misschien een manier
vinden om iemand anders te helpen.
Zelfs een klein gebaar helpt je
om je beter te voelen.

2 MINDFULNESS

Vrienden worden met je emoties

Sinds ik actief ben op Twitter en Facebook sturen mensen me vragen om advies. De vraag die het meest wordt gesteld, is hoe je met erg negatieve emoties zoals boosheid, haat en jaloezie om moet gaan.

Het goede nieuws is dat mensen die deze vraag stellen al halverwege de oplossing zijn. Het feit dat ze de vraag stellen duidt erop dat ze mindful genoeg zijn om de negatieve staat van hun eigen geest te herkennen, en dat is echt niet zo gemakkelijk. De meeste mensen worden volkomen in beslag genomen door hun emoties en hebben een beperkt zelfbewustzijn. De mensen die me deze vraag stelden, zagen wat er in hun geest gebeurde als ze in een wervelwind van emoties terechtkwamen, vertraagden even en stuurden me daarna een berichtje. Als mensen een negatieve emotie voelen opkomen, is hun eerste ingeving die onder controle te krijgen, zodat ze zich er niet overweldigd of bedreigd door voelen. Ze zouden het gevoel het liefst direct kwijt zijn of ervoor vluchten, en denken maar zelden dat het voor een beter begrip zou kunnen zorgen. Dit is waarschijnlijk de reden waarom mensen uitdrukkingen als 'woedebeheersing' of 'haat overwinnen' gebruiken in plaats van 'vrienden worden met je emoties'.

Het is moeilijk om sterke, negatieve emoties snel te beheersen; hoe meer we ze onder controle proberen te krijgen, hoe meer ze in beweging komen – waarna ze weer aan de oppervlakte komen. Zelfs al krijgen we ze onder controle, dan nog onderdrukken we ze misschien alleen en komen ze later weer omhoog. Stel je eens voor dat een sterke, negatieve emotie net zoiets is als modder die in een aquarium rondwervelt. Als je wilt dat de modder naar de bodem zinkt zodat je een helder zicht op de vissen hebt, moet je je handen echt niet in het modderige water steken om te proberen de modder naar de bodem te duwen. Hoe meer je probeert de modder naar beneden te duwen, hoe meer je die omwoelt. Zo gaat het ook bij negatieve emoties: je probeert ze te onderdrukken, maar hoe meer je dat probeert, hoe meer ze weer omhoogkomen.

Wat moeten we dus doen? Op welke manier kunnen we onze negatieve emoties beter leren begrijpen en proberen ze te laten verdwijnen in plaats van ze te onderdrukken?

Het antwoord is eigenlijk eenvoudig. Het enige wat we hoeven te doen is de rauwe energie van negatieve emoties te ontdoen van taalkundige labels als 'woede' of 'haat' en er dan rustig naar te kijken tot de energie langzaam in iets anders verandert. Het belangrijkste is dat je niet gehecht raakt aan woorden als 'woede', 'haat' en 'jaloezie', en in plaats daarvan getuige bent van de ruwe energie achter die labels. Het kan subtiel zijn, maar de energie verandert voortdurend terwijl het label statisch blijft. Als je het label eraf pelt en in aanraking komt met de ruwe energie, besef je al snel dat de negatieve emotie slechts tijdelijk is en ook zonder jouw inspanningen verandert. Laten we woede eens als voorbeeld nemen: weerspiegel die emotie alleen zoals een spiegel hetgeen ervoor staat weerspiegelt zonder het te veroordelen of zich ermee te identificeren. Je zult zien dat de woede langzaam van vorm verandert en een diepere laag emoties onthult, of vanzelf verdwijnt. Als er zich dan een andere laag van die emotie laat zien behandel je die net zo.

Als je iets probeert te begrijpen is het vaak het effectiefst als je je vooroordelen opzijzet en het rustig observeert, zodat het onderwerp van je onderzoek onthult wat er te begrijpen is. In plaats van in het modderige water van je emoties te duiken om ze te overmeesteren, kun je ze beter van buitenaf observeren en ze vanzelf rustig laten worden en laten transformeren. De spirituele leermeester Jiddu Krishnamurti zei het al: pure aandacht zonder oordeel is niet alleen de hoogste vorm van menselijke intelligentie, maar ook de uiting van liefde. Observeer de veranderende energie met aandacht en liefde terwijl die zich in de ruimte van je geest ontvouwt.

Ik kan me voorstellen dat je je afvraagt: 'Wat is er zo prachtig aan alleen maar observeren? Ontwijk je de werkelijkheid dan niet?' Nee, het is juist het tegenovergestelde: je ontwijkt die werkelijkheid niet, je staart er juist middenin. In plaats van zonder enig zelfbewustzijn in de emotie vast te komen zitten, stel je een onderzoek in en voel je daarna wat er is. Als je er beter in wordt, zul je gaan beseffen dat de negatieve emotie geen vaststaande werkelijkheid is. Die komt vanzelf opzetten en trekt zich terug binnen de ruimte van je bewustzijn, of je dat nu wilt of niet. Als je eenmaal ontwaakt voor deze waarheid, zul je niet meer door negatieve emoties heen en weer worden geslingerd en kun je ze beschouwen als voorbijdrijvende wolken in plaats van jezelf ermee te identificeren als een bepalend deel van jezelf. Vecht niet tegen je negatieve emoties. Observeer ze en word er vrienden mee.

Als je wraak wilt omdat je gevoelens zijn gekwetst
is je eigen lijden het enige wat je kunt zien.
Maar als je rustig wordt en dieper kijkt
zul je zien dat degene die jou heeft gekwetst
zelf ook lijdt.

In de kamers van ons hart
leven twee huurders naast elkaar:
Adolf Hitler en Moeder Teresa.
Als we door onzekerheid en angst overweldig zijn,
voelen we de innerlijke werken van Hitler.
Als we in contact zijn met liefde en verwantschap
horen we de vriendelijke stem van Moeder Teresa.

We vinden films of tv-series
waarin de goeden altijd goed zijn en de slechten altijd slecht
al snel niet meer leuk.
Dat past niet bij de werkelijkheid.
Niemand is altijd goed of slecht.

'Er is niemand te vinden
die alleen bekritiseerd
of alleen geprezen
wordt of zal worden.'
– DE DHAMMAPADA*

Een morele purist die snel zijn oordeel klaar heeft over anderen
ziet vaak zijn eigen tekortkomingen niet.

Als iemand een ander bekritiseert
zou je kunnen denken dat die het verdient.
Maar als je beter kijkt,
zie je dat de criticus klaagt
omdat hij zijn zin niet heeft gekregen.
Laat je dus niet te gemakkelijk beïnvloeden.

* Vertaald naar het Engels door Gil Fronsdal. *The Dhammapada: A New Translation of the Buddist Classic with Annotations* (Boulder: Shambhala, 2011).

Als je iemand aanvalt
is dat vaak omdat je bang bent.

Een vriend roddelt over iemand die je niet mag
en jij bent het er helemaal mee eens.
Maar daarna vraag je je onwillekeurig af:
roddelt hij ook over mij als ik er niet bij ben?
Roddelen kan op het moment zelf ontlading bieden,
maar roddels verspreiden zich en daarmee
verergeren de problemen.

Je beschouwt mij als puur en meelevend
omdat je zelf ook puur en meelevend bent.

Als mensen die jou niet goed kennen, jou bewonderen,
zien ze de door hen geprojecteerde illusie,
niet je werkelijke zelf.
Maar als mensen die je goed kennen je respecteren,
is dat waarschijnlijk omdat je het verdient.

Mensen vragen weleens of je trots inslikken
hetzelfde is als opgeven.
Ik denk het niet. Nederigheid is een teken
van innerlijke kracht en wijsheid.
Als je je trots inslikt, wordt echte communicatie mogelijk.
We kunnen elkaar eindelijk horen en uiteindelijk
onze problemen oplossen.

Reageer niet emotioneel en verlies je zelfbeheersing niet
als iemand zegt dat iets niet kan of mag.
'Nee' kan een verrassende nieuwe wereld voor je openen.
'Nee' kan je onverwacht bij goede mensen brengen.
Als je tegen het onveranderlijke 'nee' begint te duwen,
zul je eronder lijden en andere mogelijkheden mislopen.

Je baas vraagt je een klusje te doen
dat niets met je werk te maken heeft.
Doe het gewoon, in plaats van boos te worden,
en laat het los.
Laat iets onbelangrijks geen grote bron van pijn worden
door tijd en energie te verspillen aan eindeloos gepieker.

Als ik het geheel van het leven van de meeste mensen
in een paar woorden moest samenvatten
zou ik zeggen: *een eindeloos verzet tegen wat is.*
Als we ons verzetten, zijn we constant in beweging
omdat we proberen ons aan te passen.
En toch blijven we nog ongelukkig over dat wat is.

Als ik het geheel van het leven van een verlicht persoon
in een paar woorden moest samenvatten
zou ik zeggen: *complete acceptatie van wat is.*
Als we accepteren wat is, is onze geest ontspannen en kalm
terwijl de wereld om ons heen heel snel verandert.

Probeer niet de mensen om je heen
onder controle te houden.
Als je je eigen geest niet eens onder controle kunt houden,
waarom denk je dan dat je dat wel kunt bij andere mensen?

Dingen die ik leuk vond toen ik jong was,
maar die me nu niets meer doen:
vliegreizen, all-you-can-eatbuffetten, horrorfilms,
de hele nacht opblijven.
Dingen waar ik van hou nu ik wat ouder ben:
Mozart, zilvervliesrijst, meditatie, tijd alleen doorbrengen,
regelmatig bewegen.
We veranderen zonder het te beseffen.
Zelfs nu zitten we midden in een verandering.

Klaag niet omdat de wereld is veranderd.
Wees niet verontwaardigd omdat mensen zijn veranderd.
Het evalueren van het heden met herinneringen uit het
verleden kan verdriet veroorzaken.
Of je het nu leuk vindt of niet,
verandering is onvermijdelijk.
Omarm haar en verwelkom haar.

Of het nu gaat om een voorwerp,
een gedachte of een gevoel,
als het uit leegheid is voortgekomen
zal het al snel van vorm veranderen en
uiteindelijk weer naar leegheid terugkeren.
Als je op zoek bent naar de eeuwige Waarheid
moet je verder kijken dan haar voorbijgaande aard en
je bewust worden van 'dat' wat tijdelijkheid *kent*.

De monnik die het meest door andere monniken wordt
vereerd is niet degene die
het heiligst lijkt te zijn,
het best predikt,
de grootste tempel leidt,
het meest nauwkeurig de toekomst voorspelt
of ziekten kan genezen.

Het is de monnik die onderwijst door zijn eigen daden.
Hij heeft geen aura van eigendunk
en offert zich als eerste op voor de gemeenschap.

Spiritualiteit moet niet alleen in eenzaamheid
worden beoefend, maar ook tussen de mensen.
Sta open voor de mensen om je heen,
dan voel je je verbonden.
Dit is de ware uitdaging van de spirituele oefening.

Als je oprecht bent over het bereiken van verlichting
kun je zelfs van een kind leren
of van iemand op straat die je beledigt.
De hele wereld wordt je leermeester.

Degene die je naar je spiritueel ontwaken leidt
is niet degene die je prijst of aardig tegen je is.
Je spiritualiteit verdiept zich door
mensen die je beledigen en het je moeilijk maken.
Dat zijn je spirituele leermeesters in vermomming.

Hoe weet je of iemand werkelijk verlicht is?
Overlaad hem met lof en met kritiek.
Als je ziet dat hij vatbaar is voor een van beide
betekent dat dat hij zijn verlichte aard is vergeten.

Onze emoties zijn zo onvoorspelbaar
als het weer in Londen.
Als iemand ons bekritiseert zijn we het ene moment
beledigd en woedend.
Het volgende moment, als iemand ons prijst,
zijn we trots en pretentieus.
Als we het stille punt onder het oppervlak van onze
veranderende emoties niet onderkennen,
zullen we ons gegijzeld voelen door hun grillen.

Iemand die al langer aan spirituele oefening doet
heeft de volgende houding.
In een grote gemeenschap leeft hij alsof hij alleen is.
Hij bemoeit zich met zijn eigen zaken en niet
met die van iemand anders.
Als hij alleen is, doet hij alsof hij
in een grote gemeenschap is.
Hij houdt zich aan zijn leefregels zonder lui te worden.

Een groot spiritueel leermeester kan wachten tot zijn
leerlingen zich volledig hebben ontwikkeld.
Hij heeft geen behoefte om te overdrijven
of te bewijzen dat hij verlicht is.
Hij dringt zijn leerstellingen niet op en vraagt zijn
leerlingen niet om alleen hem te volgen.
Hij laat zijn leerlingen met rust
zodat ze zelf kunnen groeien.

Als we ons in een diepzinnig, eerlijk gesprek
met iemand verbonden voelen,
worden we heel gelukkig.
Dezelfde diepzinnige verbinding met onszelf is mogelijk
als we accepteren wie we zijn en
onze eigen verlichte aard leren kennen.
Dit is ook een bron van weergaloos geluk en vrijheid.

Als je verdrietig bent

'Haemin Sunim, ik ben verdrietig. Wat moet ik doen?'

Observeer het gevoel rustig zonder het te willen veranderen. Het verandert vanzelf wel.

Observeer je gevoelens rustig, alsof ze zich buiten je bevinden; net als je naar een boom in de achtertuin kijkt, bij een rivier zit en kijkt hoe het water voorbij stroomt. Als je je gevoelens op deze manier ook maar drie minuten observeert, zul je merken dat hun energie en structuur langzaam veranderen.

Gevoelens worden vaak geboren uit een matrix van voorwaarden waar je geen controle over hebt. Je hebt het weer of de stemming van je baas gewoon niet onder controle, en ook de gevoelens in je lichaam niet. Ze passeren alleen maar, net als wolken in de lucht.

En ze lossen ook uit zichzelf op.

Maar als je ze te serieus neemt en een deel van jezelf laat worden, zul je ze laten herleven als je aan het verleden denkt, elke keer weer. Denk eraan dat je je gevoelens niet bent, en ook niet het verhaal dat je brein je vertelt om ze te begrijpen. Jij bent de enorme stilte die hun opkomst en verdwijning kent.

Als de geest naar buiten kijkt,
wordt hij door de hevige winden van de wereld beïnvloed.
Maar als de geest naar binnen kijkt,
kunnen we onze kern vinden en in stilte rusten.

Mensen vragen: 'Hoe maak ik mijn hoofd leeg
bij het mediteren?
Hoe meer ik het probeer, hoe meer mijn gedachten
lijken op te komen.'
Dat is heel natuurlijk – omdat je hoofd proberen
leeg te maken
ook een gedachte is.

Probeer je gedachten niet weg te werken.
Dat helpt toch niet.
Kijk ernaar als een gedachte opkomt.
Wees getuige van het verdwijnen van een gedachte.
Op het moment dat je je er bewust van wordt,
zal je geest rustig en helder zijn.

We praten graag over dingen buiten onszelf
omdat onze geest gewend is om de wereld in te drijven.
Spirituele beoefenaars keren de stroom echter om
en kijken naar binnen.
Ze praten niet meer over dingen buiten zichzelf
en leren zichzelf vertrouwd te raken met de geest.

Welk deel van alle woorden die elke dag uit onze mond
stromen is echt van ons,
en welk deel is van anderen geleend?
Hoe vaak zeggen we iets origineels?
Bestaat er eigenlijk wel zoiets als eigen woorden?

In ieder van ons bevindt zich een innerlijke getuige
die stil observeert wat er in en buiten ons gebeurt.
Zelfs als de wereld een storm van emoties doet oplaaien,
zit deze getuige, geboren uit een plek van stilte en wijsheid,
kalm in het oog van de storm,
ongedeerd, helder en alwetend.

Als je de wolken van je gedachten wilt opruimen,
kun je gewoon observeren wat er in en buiten ons gebeurt.
De wolken van je gedachten blijven alleen in het verleden
of de toekomst hangen.
Breng je geest naar het heden
en je gedachten doen de rest.

In plaats van te herhalen:
'Het is verschrikkelijk! Het is verschrikkelijk!'
kun je recht in het verschrikkelijke gevoel staren.

Rustig.

Onderzoek het gevoel.
Kun je de vergankelijke aard ervan zien?
Laat het gevoel gaan als het zegt dat het dat wil.

❁

Alles in dit universum is vluchtig.
Omdat het vluchtig is, is het ook kostbaar.
Breng dit moment op een wijze, mooie manier door.

❁

De geest kan niet twee gedachten tegelijk denken.
Probeer eens of jij twee gedachten op precies
hetzelfde moment kunt denken.
Nou? Kun je dat?

We kunnen heel lang verteerd worden door woede
zonder te beseffen dat we kwaad zijn geweest.
Zo kunnen we ook in gedachten verzonken zijn
zonder te weten dat we iets hebben gedacht.

Zelfs als we wakker zijn,
verschillen we in niets van een slaapwandelaar.
We doen dingen zonder ons ervan bewust te zijn.
Als onze ogen open zijn, wil dat nog niet zeggen
dat we wakker zijn.

Wakker zijn betekent dat je weet wat er in je
bewustzijnsveld gebeurt.
In plaats van blindelings je gedachten
en gevoelens te volgen,
kun je wakker blijven en je gemoedstoestand herkennen
voor het te laat is.

Tijdens de maaltijd beseffen we vaak niet hoeveel we
hebben gegeten, tot we opstaan.
Spirituele oefening gaat om het je bewust zijn
van elk moment.
Als je op het moment zelf beseft dat je maag vol raakt,
ben je spiritueel gevorderd.

❀

Ons bewustzijn weet vaak niet
wat ons onderbewustzijn wil.
We denken dat we iets willen, maar als we het krijgen
beseffen we dat we nog iets anders hadden gewild.
Als je de stem van je onderbewustzijn wilt horen,
kun je proberen te mediteren.
Meditatie opent een geheim pad naar je onderbewustzijn.

❀

Ons bewustzijn kan geld, macht en prestige willen
maar ons onderbewustzijn wil onbaatzuchtige liefde,
harmonie, humor, schoonheid, heiligheid,
vrede en acceptatie.

Als we naar de stilte luisteren,
kunnen we subtiele vibraties horen.
Wanneer je naar de vibraties luistert,
stel je een eenvoudige vraag:

Wat luistert er eigenlijk?

Er is geen luisteraar.
Er is alleen maar luisteren.

'Als ik naar water kijk, word ik water.
Als ik naar een bloem kijk, word ik de bloem.
De bloem die op het water drijft, hoera!'
– ZENMEESTER SEO-ONG (1912-2003)

Als ons lichaam fit en gezond is, voelen we ons licht,
haast als lucht.
Maar dat we ons licht voelen, betekent nog niet
dat ons lichaam er niet is.
Er is veel inspanning voor nodig om onze fitheid
natuurlijk en moeiteloos te laten lijken.
Maar dat het moeiteloos lijkt, betekent nog niet
dat er geen moeite is gedaan.

Dat wat we onze 'ziel' of ons 'verlichte wezen' noemen
is als lucht,
zo licht en natuurlijk dat we ons er niet van bewust zijn,
tenzij we onszelf trainen om dat te zijn.

Lang geleden
was er maar één geest,
die zich ging vervelen omdat hij al zo lang alleen was.
Dus besloot hij zich in tweeën te splitsen.
Maar omdat de twee wisten
dat ze van oorsprong één waren,
was samen spelen niet erg leuk
– alsof ze beide partijen bij het schaken waren.
En dus spraken ze af om te vergeten
waar ze vandaan kwamen;
ze deden alsof ze elkaar niet kenden.
In de loop der tijd vergaten ze hun afspraak ook.
Ze vergaten dat ze eigenlijk één waren.

Dat is de kwaal van ons bestaan.
We vergeten dat we oorspronkelijk
uit één geest zijn ontstaan.

Wanneer een verlicht persoon de dualiteit
van het jij en ik overstijgt,
ziet hij het leven als één lang toneelstuk.
Daarom blijft hij vol humor en opgewekt.
Hij speelt zijn rol, maar vergeet nooit
dat het een voorstelling is.

Het leven is net als het theater: je krijgt een rol.
Als die rol je niet bevalt,
bedenk dan dat je het in je macht hebt om
de rol die je wilt te herscheppen.

3 PASSIE

Toom je geestdrift in

Ik voel me nog steeds student, maar voor ik het wist mocht ik me master noemen en was ik hoogleraar in een stadje in Massachusetts. Ik herinner me nog levendig hoe mijn hart tekeerging toen ik mijn studenten voor het eerst zou zien. Ik verlangde er hevig naar, was net een tiener die voor het eerst een blind date had. Ik probeerde me alle prachtige leermeesters te herinneren die mij iets hadden geleerd en hoopte dat ik iets van hun deskundigheid en authentieke aanwezigheid zou kunnen belichamen.

Een van de twee cursussen die ik dat semester zou geven ging over het onderwerp dat me als student het meest had geïnspireerd – Introductie in de boeddhistische meditatie. Ik wilde de cursus niet alleen theoretisch houden, maar de studenten de kans geven zelf te ervaren wat meditatie is. Ik hoopte dat ze later, zelfs wanneer ze afgestudeerd waren, zouden gaan mediteren als ze met moeilijkheden werden geconfronteerd. Ik dacht dat het vermogen om hun eigen geest objectief te bekijken en niet verstrikt te raken in hun veranderende gedachten en emoties het beste geschenk was dat ik mijn studenten kon geven.

Ik herinner me mijn eerste lezing nog alsof het de dag van gisteren was. Voor ik de collegezaal in ging, maakte ik me zorgen over wat ik zou zeggen – en hoe ik dat zou zeggen – maar uiteindelijk sprak ik gepassioneerd over de ongelofelijke zeldzaamheid van datgene wat in het boeddhisme 'karmische verbintenissen' worden genoemd. Ik vertelde de studenten dat, volgens de boeddhistische leerstellingen, onze bijeenkomst die dag niet alleen een kwestie van toeval was, maar het resultaat van onze ontmoetingen in ontelbare levens. Ik vertelde hen ook dat we moesten proberen het semester productief te maken, juist omdat de tijd die we samen hadden zo zeldzaam en kostbaar was. De meeste studenten waren eerstejaars en dus heel oprecht; ze leken grote verwachtingen van hun studie te hebben. Er mochten maar vijfentwintig studenten meedoen aan de cursus, dus het was niet moeilijk om alle namen te leren. Ook kon ik met ieder van hen een praatje maken. Ik hoorde waarom ze de cursus volgden en wat ze hoopten te leren. Ik vond hen allemaal aardig en ik nam me voor mijn tijd en energie aan hun ontwikkeling te geven.

Mijn enthousiasme werd nog groter toen de les begon. Ik gaf mijn studenten wat meer huiswerk dan de andere hoogleraren deden, omdat ik hen zo veel mogelijk wilde leren. Toen ik hun opgaven binnenkreeg, keek ik ze zo snel en goed als ik kon na. Ook vroeg ik de studenten elke dag te mediteren en een dagboek bij te houden over hun ervaringen. De andere hoogleraren organiseerden meestal aan het eind van het jaar een diner voor hun studenten, maar ik deed dat vaker – een van die 'diners' was een picknick bij een plaatselijk boeddhistisch klooster. Ook vroeg ik mijn studenten eens mee te gaan naar een plaatselijke kerk om naar een lezing van een prominente Amerikaanse Vipassana-meditatieleermeester te luisteren.

Toen het semester vorderde, begon ik te beseffen dat mijn gretigheid voor een paar problemen zorgde. Ik dacht dat mijn studenten hun best zouden doen om me te volgen als ik maar mijn uiterste best deed om hen iets te leren. De meesten leken dankbaar te zijn dat ik hen allerlei ervaringen bood, maar een paar leken er genoeg van te krijgen en de interesse te verliezen. Sommige studenten kwamen naar de les zonder hun huiswerk te hebben gemaakt, andere hadden de teksten niet bestudeerd. Een paar studenten verklaarden schaamteloos dat de bezoeken aan het klooster en de plaatselijke kerk geen onderdeel van de lessen waren en dat ze er dus niet naartoe hoefden. Ik voelde me teleurgesteld en zelfs gekwetst. Ik kon er niets aan doen. Ik deed alles voor hen wat ik kon en zij wezen mijn aanbod af.

Ik nam dat gevoel van teleurstelling eens onder de loep. Toen ik de situatie wat helderder zag, besefte ik hoe ondeskundig ik me had gedragen. Deze cursus was maar een van de vier die de studenten deden. Voor mij was het onderwerp heel belangrijk, maar voor hen waren de andere lessen net zo belangrijk. Het was alleen maar natuurlijk dat ze niet al hun tijd in mijn lessen konden steken, maar ik had dat niet duidelijk kunnen zien en was helemaal in beslag genomen door mijn eigen verlangen om les te geven.

Hoe effectief een medicijn ook is, als je iemand dwingt het in te nemen kan het naar vergif smaken. Mijn stijl van lesgeven werd voor sommige studenten een soort vergif. Toen ik dat eenmaal besefte, veranderde ik midden in het semester de lessen om een goede balans te vinden tussen mijn passie voor lesgeven en de capaciteit van mijn studenten om te leren. Tot mijn grote verbazing merkten ze het verschil bijna onmiddellijk en reageerden ze er positief op. Ik belastte hen niet meer met mijn te grote geestdrift en zij kregen langzamerhand vanzelf hun interesse in de lessen terug. Toen dat gebeurde, besefte ik iets dat ik al die tijd al had moeten weten.

Als we onze eerste baan krijgen, vooral als we er al heel lang naartoe hebben geleefd, raken we al snel overenthousiast omdat we onszelf willen bewijzen. Maar in ons enthousiasme maken we de fout dat we onze geestdrift gelijkstellen met doeltreffendheid. Je werk goed doen is belangrijker dan het gevoel dat je erbij krijgt. Er is wijsheid voor nodig om te kunnen zien dat die twee niet altijd met elkaar verbonden zijn. In sommige gevallen kunnen je ijverige pogingen de gewenste uitkomst in de weg staan, vooral als je de behoeften van de anderen die naar hetzelfde doel toe werken niet herkent.

Pas wanneer we weten hoe we dit overschot aan passie onder controle kunnen houden, kunnen we harmonieus en effectief met anderen samenwerken. Pas dan kunnen we ons enthousiasme effectief delen met de mensen om ons heen.

Het geluid van een klok wordt alleen van verre gehoord
als er hard tegen de klok geslagen wordt.
Je invloed wordt niet ver verspreid zonder het offer
van hard werken.
De wereld merkt je pogingen sneller op dan je denkt.

Het is belangrijk om hard te werken,
maar raak niet verliefd op het gevoel van hard werken.
Als je dronken bent van dat gevoel bekommer je je eerder
om hoe het op anderen overkomt dat je hard werkt
dan om het werk zelf.

De gevaarlijkste mensen
zijn mensen met passie maar zonder wijsheid.

Als je wilt voorspellen hoe een politicus zich na het winnen
van de verkiezingen gedraagt,
kijk dan naar zijn huidige leven en hoe hij zich
in het verleden heeft gedragen.
Mensen leven niet zoals ze zeggen dat te doen.
Ze leven zoals ze altijd hebben gedaan.

Uit de geschiedenis blijkt dat mensen die een verandering
in de maatschappij teweegbrengen meestal niet van
middelbare leeftijd zijn maar tot de gepassioneerde jeugd
behoren.
Hun hart is gevoelig voor de situatie van onderdrukten.
Ze strijden dapper tegen ongerechtigheid en vechten
voor de mensen zonder stem.
Houd dat jeugdige hart en die jeugdige geest vast,
hoe oud je ook bent.

Iedereen is vriendelijk tegen iemand die hij
voor het eerst ontmoet.
Waar het om gaat is hoe lang die vriendelijkheid duurt.
Laat je niet voor de gek houden als iemand de eerste keer
vriendelijk tegen je is.

Kijk als je een werknemer wilt aannemen verder dan
vaardigheden en ervaring om erachter te komen of de
kandidaat weet hoe hij plezier kan hebben in zijn werk.
Mensen die dat kunnen zijn gewoonlijk succesvoller dan
mensen die dat niet kunnen.

Wat we ook doen,
het moet tot in de puntjes verzorgd zijn.
Als we denken: het moet maar even zo,
ik doe het later wel goed, gebeurt dat meestal niet
omdat we er later de motivatie misschien niet voor hebben
of omdat we gewoon gewend raken aan hoe het is.

Het is net zoiets als in een huis gaan wonen en het in de
loop van de tijd willen opknappen.
Zelfs na jaren komen we er niet aan toe.
We blijven nog een lange tijd in dezelfde situatie hangen.

Iemand denkt: ik ga hard studeren zodat ik naar een gerenommeerde universiteit kan.
Iemand anders denkt: ik ga hard studeren zodat ik mijn zus les kan geven die niet naar school kan omdat mijn ouders daar geen geld voor hebben.

Al zijn ze allebei vastbesloten om hard te studeren, hun motivatie is heel verschillend.
Een gelofte om anderen te helpen kan een enorme innerlijke energie teweegbrengen.
Daarom leggen mensen de bodhisattva-beloften af om alle bewuste wezens te redden voor ze een reis van spirituele verlichting maken.

Probeer, als je een besluit neemt, te beoordelen
hoeveel mensen ervan zullen profiteren.
Als het alleen je ego tevredenstelt en veel anderen onnodig
pijn doet, is het de verkeerde beslissing.

Wees het soort persoon dat zich in anderen kan verplaatsen
en iets niet alleen vanuit zijn eigen perspectief kan
begrijpen, maar ook vanuit dat van de ander.

Probeer je dichter bij iemand te komen?
Is de reden hiervoor dat je iets van hem wilt?
Als je echt dicht bij iemand wilt zijn, moet je
je bijbedoelingen aan de kant zetten.
Als je echt vriendelijk bent, zonder bijbedoelingen,
zullen anderen zich eerder voor je openstellen.

Sommige mensen zijn gul en vriendelijk voor mensen
buiten hun eigen kringetje,
terwijl ze de behoeften van de mensen binnen hun
kringetje verwaarlozen.
Het is een vergissing om familie en goede collega's
als vanzelfsprekend te beschouwen.
Als je naasten zich genegeerd en verraden voelen,
kan alles wat je hebt opgebouwd in één tel instorten.

Een grote kei is een voorbeeld van hoe we echt moeten zijn
en niet toe moeten geven,
zelfs al stromen de golven van loftuitingen
of kritiek over ons heen.

Gelijk hebben is niet belangrijk, samen gelukkig zijn wel

We hebben allemaal overtuigingen, waarden en gedachten die essentieel voor ons zijn en waarmee we nooit roekeloos om zouden gaan. We geloven dat ze onweerlegbaar zijn en dat iedereen het ermee eens zou zijn – als ze hun verstand zouden gebruiken. Maar af en toe zijn we in het gezelschap van mensen die onze overtuigingen niet delen.

We kunnen in botsing komen door politieke overtuiging, religie of levenswaarden. Als er over een van deze onderwerpen wordt gepraat ontstaat er al snel onenigheid. Niemand heeft het gevoel gehoord of gerespecteerd te worden en meestal is woede, verwarring en pijn alles wat overblijft.

We moeten ons afvragen of het de moeite waard was als we elkaar ongelukkig hebben gemaakt of pijn hebben gedaan om onze eigen overtuigingen te verdedigen. Zouden we, in plaats van de onschendbaarheid van onze waarden te beschermen, niet beter kunnen zorgen voor de mens die voor ons staat? Is het niet beter om samen gelukkig te zijn dan om alleen gelijk te hebben?

Het is voor een groot deel ons ego dat iemand wil overtuigen om onze visie over te nemen. Zelfs als blijkt dat we gelijk hebben, is ons ego niet tevreden en zoekt het een nieuwe woordenwisseling.

Volwassenheid groeit door ervaring. Een les van volwassenheid is dat we onze gedachten niet te serieus moeten nemen en dat we moeten leren ons ego in te tomen en het grotere perspectief te zien.

Gelijk hebben is lang niet zo belangrijk als samen gelukkig zijn.

Wees in plaats van de slimste mens in de buurt
die al snel kritiek heeft op anderen,
de hartelijke vriend die mensen samenbrengt
en dingen deelt.
Wees de gevoelige buur, in staat om het lijden
van anderen aan te voelen.

Als ik iemand wil overtuigen
luister ik eerst aandachtig en probeer hem te begrijpen.
Zelfs al heb ik gelijk, mensen kunnen niet overtuigd
worden als ze zich niet gehoord en gerespecteerd voelen.

Veel conflicten in ons leven kunnen worden opgelost
als we ons in de ander verplaatsen.
Probeer de dingen vanuit hun perspectief te zien.
Als je alleen je eigen standpunt ziet,
ben je niet anders dan een kind.

Als je kwaad wordt wanneer je
over goed en kwaad spreekt,
heeft je woedende stem je verlies al toegegeven.

Kritiek leveren is gemakkelijk.
Maar als een criticus probeert alles te regelen, begrijpt hij al
snel dat niets zo gemakkelijk is als kritiek.
Kritiek zonder een oplossing is alleen maar het opblazen
van je eigen ego.

Als je iets hoort wat je furieus maakt, stuur dan niet direct
een berichtje of e-mail.
Een wijs mens slaapt er een nachtje over.
Een directe, emotionele reactie leidt vaak tot een
betreurenswaardige uitkomst.

Het is niet moeilijk om mensen zich speciaal
te laten voelen.
Mensen praten meestal liever dan te luisteren.
Stel veel open vragen en luister met echte interesse.
Ze zullen zich gevleid voelen door je aandacht
en je zelfs aardig vinden.

Een machtig persoon wordt vaak omringd door ja-knikkers
die hun baas helpen zich belangrijk en bijzonder te voelen.
Als de mensen om je heen het altijd maar met je eens zijn,
zijn het waarschijnlijk opportunisten, geen getrouwen.

Als een vraag zowel een lang en ingewikkeld, maar logisch klinkend antwoord heeft als een eenvoudig antwoord dat zelfs een kind kan begrijpen, is het eenvoudige antwoord meestal het goede.

Als je een vraag stelt
waarop geen antwoord komt,
is dat het antwoord.

Er zijn alleen maar mensen die hun tekortkomingen
kennen
en mensen die dat niet doen.
Niemand is perfect.
Iedereen heeft tekortkomingen.

Als iemand perfect lijkt te zijn
komt dat doordat je die persoon
niet goed kent.

'Probeer het niet perfect te maken.
Probeer het interessant te maken!'
– ADVIES VAN EEN INTERIEURONTWERPER

Wil je gelukkig zijn
of wil je gelukkig lijken?
Het maakt niet uit wat je volgens de buitenwereld moet
doen om gelukkig te worden.
Wees eerlijk tegen jezelf en ontdek wat jij echt wilt.

Kies voor geluk, en niet voor succes, als levensdoel.
Als je succes hebt maar niet gelukkig bent,
waar is succes dan goed voor?

Sommige mensen willen succesvol worden om een lange
neus te kunnen maken tegen mensen
die op hen neer hebben gekeken.
Maar wat gebeurt er als je succes hebt?
Wat doe je als je hebt bewezen dat ze ongelijk hadden?
Als je echt succes wilt hebben, gebruik dan niet
de meetlat van anderen.

Betekenisvolle complimenten krijg je van iemand
in je eigen kring.
Die complimenten zijn tien keer zo veel waard
als die van iemand buiten die kring.

Professionals hebben hun eigen talenten en expertise.
Als een klant elk detail wil controleren kan de professional
niet op volledige capaciteit werken
en voelt hij zich geremd.
Als je het beste resultaat wilt, kijk je geïnteresseerd maar
weet je wanneer je je moet terugtrekken.

Een door en door ervaren arts, advocaat of accountant
verleent niet per definitie betere service dan een
gepassioneerde jonge professional die nog maar
een paar jaar bezig is.
De hoeveelheid aandacht die je krijgt is vaak belangrijker
dan de luisterrijke geschiedenis van een professional.

Als je achttien niveaus van kungfu onder de knie hebt
kun je in één tel iemand schade berokkenen.
Maar als je verder gaat en alle zesendertig niveaus beheerst
kies je ervoor om je terug te trekken als de zwakken zo
dom zijn een gevecht te beginnen.

Word je bevorderd?
Gaat het goed met je?
Kijk dan of je succes hebt
ten koste van anderen
of samen met anderen.
Als je anderen opzij duwt op weg naar succes
zul je onder water getrokken worden
als het getij verandert.

4 RELATIES

De kunst om een goede relatie in stand te houden

Velen van ons investeren tijd en geld om in een mooi huis te kunnen wonen, in een mooie auto te kunnen rijden en er mooi en jong uit te zien. Maar hoeveel investeren we in het ontastbare, zoals goede relaties? Als we het geluk hebben omringd te zijn door familie en vrienden die van ons houden om wie we zijn en echt om ons welzijn geven, voelen we ons zeker en emotioneel stabiel, zelfs als we voor uitdagingen staan. Aan de andere kant: zelfs al hebben we ons droomhuis, een luxe auto en een perfect lichaam, toch blijven we intens ongelukkig als er problemen zijn in onze relaties. Als de problemen blijven bestaan zonder dat er een oplossing in zicht is, worden we depressief en denken sommige mensen zelfs aan zelfmoord. Als geluk is wat we in ons leven willen bereiken, moeten we dan niet meer investeren in het onderhouden van een goede relatie met de mensen om ons heen?

Toen ik ergens in de twintig was, ging ik twee weken backpacken in Europa, met een goede vriend uit mijn klooster. Toen we op het vliegveld van Rome aankwamen, voelden we ons goed. We kenden elkaar al een paar jaar en konden het heel goed samen vinden. Ik hield van zijn gevoel voor humor en zijn warme karakter, en hij waardeerde mijn avontuurlijkheid en optimisme. Omdat hij niet goed Engels sprak, voelde ik me verplicht dicht bij hem te blijven. Toen we zeven dagen lang elk moment samen hadden doorgebracht, hadden we geen gespreksonderwerpen meer en raakten we geïrriteerd. Het ging niet om een bepaald probleem in onze relatie, we hadden gewoon allebei behoefte aan wat tijd alleen. En dus stelde ik de volgende morgen voor om allebei een andere route te nemen en elkaar 's avonds weer te zien bij het hostel. Mijn vriend nam mijn voorstel maar al te graag aan.

Toen ik het hostel verliet, voelde ik me vrij – ik wist dat ik die dag kon doen wat ik wilde; ik hoefde niet eerst met mijn vriend te overleggen waar we naartoe zouden gaan of wat we zouden gaan doen. Maar toen het middag werd, werd ik herinnerd aan de voordelen van het samen reizen. Als ik naar het toilet moest, kon mijn vriend niet even op mijn rugzak letten. Alleen eten was niet leuk – het voelde meer als iets dat nou eenmaal moest dan als een moment van ontspanning en plezier. Ik had die dag geen foto's van mezelf omdat ik vreemden niet wilde lastigvallen. Als ik iets moois zag, bijvoorbeeld een beroemd kunstwerk, kon ik er minder van genieten omdat ik mijn enthousiasme niet met iemand kon delen. Toen ik die avond bij het hostel kwam, was ik blij mijn vriend weer te zien. Tijdens het eten hadden we elkaar veel nieuwe dingen te vertellen.

Door deze ervaring besefte ik dat de kunst van het onderhouden van een goede relatie vergeleken kan worden met bij een open haard zitten. Als we er te dicht bij zitten, krijgen we het te warm en kunnen we ons branden. Als we er te ver vandaan zitten, kunnen we de warmte niet voelen. Zo gaat het ook met relaties. Hoe goed we het ook met elkaar kunnen vinden, als we te dicht op elkaars huid zitten, zonder persoonlijke ruimte in te bouwen, voelen we ons al snel opgesloten en opgebrand. Het is gemakkelijk om de relatie als vanzelfsprekend te beschouwen en ontstemd te raken omdat je niet genoeg privacy en onafhankelijkheid hebt. Maar als we er te weinig moeite voor doen om contact te houden met vrienden en familie, kunnen we de warmte van hun liefde niet voelen. Balans is hier het sleutelwoord.

Ik hoorde eens een verhaal uit Korea met een andere goede les over relaties. Het gaat over een man genaamd Maeng Sa-seong (1360–1438), een lid van de literaire kringen tijdens de Joseon-dynastie. Hij was beroemd om zijn intelligentie: op zijn negentiende haalde hij de hoogste cijfers op de staatsexamens en op zijn twintigste werd hij districtsmagistraat. Maar door zijn snelle succes werd hij hooghartig en ijdel. Op een dag bracht hij een bezoek aan een eminent zenboeddhistisch leermeester in zijn district en vroeg: 'Waar moet ik aan denken als ik het bewind voer over dit dorp?'

De leermeester antwoordde beleefd: 'U hoeft alleen maar het kwaad te vermijden en goed te doen aan velen.'

Maeng beet hem toe: 'Dat weet zelfs een kind! Is dat alles wat u me te vertellen hebt?'

Toen Maeng opstond en weg wilde gaan, stond de leermeester erop dat hij nog wat langer bleef. Nadat hij thee had gezet, schonk hij die in Maengs kop, maar hij stopte niet toen die vol was. Onthutst eiste Maeng dat de leermeester vertelde waar hij mee bezig was.

'Je lijkt te weten dat te veel thee de vloer beschadigt,' antwoordde de leermeester, 'maar hoe weet je dat te veel kennis iemands karakter bederft?'

Beschaamd sprong Maeng op en haastte zich naar buiten, maar onderweg stootte hij zijn hoofd aan het deurkozijn. De leermeester berispte hem bedaard: 'Als je je hoofd buigt, raak je niet in moeilijkheden.'

Aan dit voorbeeld zien we dat te veel trots een bron van conflicten kan zijn. Als we de mensen nederig en respectvol behandelen, kunnen conflicten vermeden worden. Vaak werkt onze trots in de hand dat we rechtop staan en een strijd van wilskracht uitvechten. Terwijl we uitvechten wie gelijk heeft en wie niet, berokkenen we fysieke en emotionele pijn. Sommige mensen slepen zelfs familie en vrienden mee in het conflict en creëren daardoor nog meer onnodige verwarring en haatdragendheid. Als iemand naar me toe komt en zegt: 'We zullen eens kijken welke religie de goede is,' luister ik eerst met respect en zeg dan: 'Dank je dat je me aspecten van je religie hebt leren kennen waar ik nog niet veel over wist. Dat waardeer ik.' Als ik me zou laten meeslepen in een woordenwisseling met als doel te winnen, zou het resultaat alleen maar zijn dat iemand zich gekwetst zou voelen. En wat voor goeds zou eruit voortkomen als ik zou winnen? De ander zou zich alleen verslagen voelen.

We groeien allemaal op in een andere omgeving. Onze ervaringen verschillen, net als onze persoonlijkheden, gewoonten, waarden en gedachten. Het is voor zulke verschillende mensen niet gemakkelijk om samen te leven en relaties te vormen. Volgens het boeddhistische heilige geschrift *The Treatise on the King of Treasures Samadhi*: 'Verwacht niet van anderen dat ze jouw gewoontes volgen. Als alles altijd net zo gaat als jij wilt, is het gemakkelijk om arrogant te worden.' Doordat we met tegenslagen te maken krijgen, worden we volwassen en ontwikkelen we meer begrip. Denk eraan dat degene die jou vandaag het leven moeilijk heeft gemaakt een vermomde leermeester van boven kan zijn met jouw spirituele groei als taak.

Voel je je op het werk of op school vaak eenzaam?
Misschien is je hart wel afgesloten
voor de mensen om je heen.
'Ik snap haar niet.'
'Ik ben beter dan zij.'
'We zitten niet op dezelfde golflengte.'
Je kunt toch alleen maar eenzaam zijn als je zo denkt?
Open je hart en ga een kop koffie met haar drinken.
Je zult al snel merken dat zij niet zo anders is dan jij.

Als je je pijn en verdriet laat zien,
ben ik dankbaar dat je bij mij komt voor steun.
Het is alsof ik je ontmoet in de heiligste kamer van je hart.

Politici vertellen altijd iets wat goed klinkt.
Maar wat ze zeggen weerklinkt niet altijd in ons omdat hun woorden uit hun hoofd komen, niet uit hun hart.

Spreek vanuit je hart. Dat is teder, eenvoudig en eerlijk.
Mensen zullen je begrijpen en je aardig vinden.

Als je denkt dat je beter of slechter bent dan iemand anders, komt er een onzichtbare muur tussen jullie te staan.
Behandel de ander als een oude vriend die je al een tijdje niet hebt gezien.
Als jij je behoedzaamheid laat varen, doet hij dat ook.

Het eind van een sushi-rol, waar de vulling uitsteekt,
is vaak lekkerder dan een mooi stukje uit het midden.
Iemand die gladjes is en er goed uitziet, kan koud en
afstandelijk overkomen,
terwijl een doorsnee persoon zonder uiterlijk vertoon
echter en aantrekkelijker is.

Weet je waarom het gesprek zo saai is?
Omdat we gevangen zitten in beleefdheid en niet vanuit
ons hart kunnen spreken.
Elk gesprek kan interessant en levendig worden zodra we
echt eerlijk gaan spreken.

Als iemand je uitscheldt,
blijf dan rustig en houd je dertig seconden in.
Dan is het meteen afgelopen.
Maar als je terugvecht en vraagt:
'Waar heb jij last van?'
zul je meer tijd met die ongelukkige persoon moeten doorbrengen.

Mensen zeggen kwetsende dingen
omdat ze zelf gekwetst zijn.
Als je iemand tegenkomt die prikkelbaar en kwaadwillig is,
bedenk dan dat hij in een miserabele situatie moet zitten.
Als het te veel voor je is en je geen tijd hebt,
fluister je 'Ik zegen je' en ga je verder.

Als je kritiek uit op iemand, bedenk dan
of je dat uit jaloersheid doet.
Je kritiek onthult meer over jezelf dan je beseft.
Misschien vinden mensen jou toch oninteressant,
ook al heb je gelijk.

Als je goed met anderen wilt communiceren,
kun je beter je gevoelens omschrijven dan in de aanval
gaan.
Zeg bijvoorbeeld: 'Ik vind het erg dat te horen,'
en niet: 'Waarom maak je me toch altijd verdrietig?'
Je wilt toch liever dat mensen je horen dan dat ze
zichzelf tegenover jou moeten verdedigen?

Wacht niet te lang met het te vertellen
als iemand je teleurstelt.
Als je je gevoelens opkropt,
zwelt de rivier van je emoties op,
waardoor het nog moeilijker wordt over te steken
en rustig te spreken.

❁

Heb je veel vijanden?
Word dan nederig en roddel niet meer.
Mensen die geen vijanden maken zijn machtiger dan
mensen die de kracht hebben om tegen ze te vechten
en te winnen.

❁

Het lawaai van een motor bedreigt de bestuurder
meer dan anderen.
Hij kan alleen zichzelf de schuld geven als hij oud is
en niets meer kan horen.

Als je over anderen roddelt
berokkent jou dat meer schade dan hen
– want jouw negativiteit klinkt binnen in jou het hardst.

Het maakt niet uit hoe gekwetst je bent,
je hoeft niet het laatste woord te hebben.
Het laatste woord kan zelfs
de goede herinneringen uitwissen.
Is het nodig al je herinneringen uit te wissen,
zelfs de gelukkige,
omdat de omstandigheden zijn veranderd?

Als we verblind zijn door woede maken we keuzes
waar we later spijt van hebben.
Weggaan voor je alle bruggen achter je verbrandt
is een teken van volwassenheid.

De beste manier om het iemand die je heeft verlaten
betaald te zetten,
is iemand anders ontmoeten en weer gelukkig worden.
Op wraak zinnen en jaloers blijven,
zelfs na jaren,
is een recept voor eindeloze ellende.

Hij klaagt over haar achter haar rug om.
Zonder iets te weten benadert zij hem
en zegt de vriendelijkste woorden.
Liefde is de beste wraak.

Zelfs de mooiste muziek wordt vervelend
als ik er voortdurend naar luister.
Maar als ik even wegga en er dan weer naar luister,
wordt het weer prachtig.
De muziek zelf is niet het probleem,
maar mijn relatie ermee.

Zelfs mijn beste vriend wordt vervelend
als ik te lang bij hem ben.
Maar als ik hem na een tijdje afwezigheid weer zie,
is het weer heerlijk.
De persoon is niet het probleem.
Dat is mijn relatie met hem.

In een oud boeddhistisch geschrift staat het gezegde:
'Papier dat je om wierook wikkelt, ruikt naar wierook,
en een touwtje dat je om vis bindt, ruikt naar vis.'
Of we het nu leuk vinden of niet,
we worden altijd beïnvloed door onze omgeving.
Vraag jezelf eens af: 'Wie wil ik evenaren?
Is diegene fysiek of mentaal dichtbij?'

Als we iemand helpen omdat we hopen
er iets voor terug te krijgen,
is dat niet geven, maar lenen.
Echt geven gebeurt zonder er iets voor
terug te verwachten.
Het betekent ook dat we de controle loslaten
over dat wat we hebben gegeven.

Als het gesprek overgaat op iemands gebreken
probeer er dan niet aan mee te doen en het gesprek
op een ander onderwerp te brengen.
Als we te veel zeggen is het gemakkelijk
om over iemand te roddelen.
Wees dus voorzichtig als je zin hebt om te praten.

Als iemand je vraagt iets te doen,
bedenk dan of je het wel kunt.
Als je het niet kunt, zeg dat dan zo snel mogelijk
– in een restaurant stuur je een slecht gerecht
ook zo snel mogelijk terug.
Als je het niet onmiddellijk terugstuurt,
moet je het betalen.

Er is een reden waarom sommige mensen
veel anderen aantrekken.
Ze zijn warm, beschermend en onbaatzuchtig.
Ze zijn gul met hun tijd, geld en complimenten.

Als je probeert mensen te leiden met niets anders dan
regels en principes, zullen ze je een voor een verlaten.
Een goed leider weet dat en probeert dus
rechtschapenheid te bevorderen.

De wijze confuciaanse geleerde
Jeong Yak-yong (1762-1836) zei eens:
'De beste manier om je rijkdom te verstoppen
is het weg te geven.
Als je gul bent met je rijkdom wordt het geld dat op een
gegeven moment zou verdwijnen een blijvend sieraad dat
diep in het hart van de ontvanger is gegraveerd.'

De lucht die ik inadem gaat mijn lichaam in
en wordt een deel van me.
De lucht die ik uitadem gaat naar iemand anders
en wordt een deel van hem.

Alleen door te kijken hoe de lucht beweegt,
beseffen we dat we allemaal met elkaar verbonden zijn,
niet alleen figuurlijk maar ook letterlijk.

❁

'Of we het nu leuk vinden of niet,
we zijn allemaal met elkaar verbonden,
en het is ondenkbaar dat ik alleen gelukkig kan zijn.'
– ZIJNE HEILIGHEID DE DALAI LAMA*

* Citaat uit een tweet van de dalai lama van 11 juli 2011,
https://twitter.com/DalaiLama/status/90351201736065024.

Een partje appel in een broodtrommel
bevat het hele universum.
Appelboom, zonlicht, wolk, regen, aarde, lucht
en zweet van de teler, alles zit erin.
Vrachtwagen, benzine, markt, geld,
de glimlach van de kassière, alles zit erin.
Koelkast, mes, snijplank, de liefde van je moeder,
alles zit erin.

Alles in het hele universum is van elkaar afhankelijk.
Denk nu eens aan je innerlijk.
Het hele universum bestaat in ons.

De reis naar vergeving

DEGENE DIE JE HEEFT VERLATEN en verraden, degene die van je heeft gestolen en is verdwenen, degene die je in de rug heeft gestoken en daarna deed alsof er niets was gebeurd – vergeef hen.

Niet voor hen, maar voor jezelf – echt, helemaal, voor jezelf. Niet omdat ze je vergeving verdienen, niet omdat ze ook maar gewoon mensen zijn.

Vergeef hen.

Zodat je vrij kunt zijn. Zodat je gelukkig kunt zijn. Zodat je verder kunt gaan met je leven.

Dat is niet gemakkelijk en het voelt onrechtvaardig. Je wordt misschien opeens boos. Er kunnen tranen van verbittering over je gezicht stromen. Laat die tranen komen en laat ze er zijn. Behandel ze vriendelijk, met je meelevende hart.

Als je je tranen hebt erkend, vraag je jezelf: 'Wil ik deze wrok in mijn hart blijven voelen? Wil ik altijd een slachtoffer blijven?'

Als je er klaar voor bent, verzamel je je moed en neem je een besluit. Hoewel je hart niet luistert naar wat je brein heeft besloten, beloof je dat je vergeving zult schenken en jezelf uit de emotionele slavernij zult bevrijden.

Ga dan weer terug naar je gevoelens van angst en bitterheid. Geef ze je volledige toestemming om tot uiting te komen. Hoe manifesteren die gevoelens zich in je lichaam? In de vorm van gespannen spieren, een snelle hartslag, een blozende huid? Komen ze tevoorschijn in de vorm van oppervlakkige ademhaling, een druk op je borst?

Laat deze golven van gevoelens opkomen en zich weer terugtrekken. Zorg voor de gevoelens die door je lichaam gaan.

Als de golven wat kalmer worden, bekijk je ze goed om te weten te komen wat eronder ligt. Liggen er verborgen emoties onder de kwaadheid en verbittering?

Zie je angst, schaamte of leed? Is er eenzaamheid en onzekerheid? Verdrink er niet in, maar observeer ze.

Als je hart opener en vriendelijker wordt, richt je je aandacht op de aanvaller. Kun je achter zijn masker kijken en voelen wat er onder dat geweld en die oneerlijkheid ligt?

Kun je zijn angst, onzekerheid en onwaardigheid voelen? Kun je eenzaamheid of schaamte onder de oppervlakte voelen? In plaats van je eraan over te geven, observeer je hem met medeleven.

In ons bevindt zich een steile berg van angst en een diepe rivier van verdriet. Maar er is ook een meelevend oog dat je innerlijke landschap ziet. Moge jij je innerlijke getuige vinden, de bron van vrijheid en heling.

Als we iemand haten, denken we veel aan hem.
We kunnen hem niet laten gaan en gaan langzamerhand
net zo doen als hij.

Laat hem je hart niet langdurig innemen.
Wijs hem direct de deur met een gebaar van vergeving.

Verdient de persoon die jij haat het
om in je hart te worden gedragen?
Houd alleen degenen in je hart die van je houden.
Als je mensen die je haat bij je draagt,
veroorzaakt dat alleen angst en depressie.

Ga er in relaties van uit dat je meer zult moeten geven
dan je krijgt.
We herinneren ons heel goed wat we voor anderen hebben
gedaan maar vergeten gemakkelijk wat anderen
voor ons hebben gedaan.
Zelfs al vind je dat ze je iets schuldig zijn, dan heb je
waarschijnlijk bijna evenveel ontvangen als gegeven.

Omdat ik monnik ben, leggen sommige mensen hun
handen tegen elkaar als groet
en onwillekeurig doe ik hetzelfde.
Sommige mensen knikken
en ik doe onwillekeurig hetzelfde.

Mensen zijn als spiegels:
we reflecteren elkaar.

Als een wijs persoon iets van anderen wil,
doet hij eerst wat hij van hen verlangt
en geeft zo het voorbeeld zonder hun iets te vragen.

Als je wilt dat je vriend aan je verjaardag denkt,
denk dan eerst aan die van hem.
Als je wilt dat je man je een massage geeft,
geef hem er dan eerst een.
Als je wilt dat je kinderen minder tv kijken,
zet dan eerst zelf je tv uit.

Wacht niet op alles waarvan je wilt dat het gebeurt.
Doe eerst iets.

Een wijze bukt
als iemand hem wil slaan.
Als hij terugslaat, enkel omdat hij is geslagen,
zal hij tot aanvaller worden bestempeld
en het hart van anderen niet kunnen veroveren.
Ook al lijkt dat misschien oneerlijk, het is een bewijs van
goed karakter als je niet vanuit woede reageert.

Mensen kunnen somber worden
van een oppervlakkige emotionele kwestie
en iemand later aanvallen met een niet-relevant
maar logisch lijkend voorwendsel.

Als je jezelf verlaagt, verhoogt de wereld je.
Als je jezelf verhoogt, verlaagt de wereld je.
Als je de top van de verlichting bereikt, zul je het begrijpen:
jouw top is net zo hoog als die van je buurman.
Op de top zie je ieders heiligheid.

Als je steeds met iemand blijft botsen,
kan dat de manier van de wereld zijn om je te vragen
goed naar jezelf te kijken.
Probeer uit te vinden wat je tegenstaat
als je iemand niet mag,
en kijk of je zelf ook een gelijksoortig gebrek hebt.

Het gebrek dat je dadelijk ziet
bij iemand die je ontmoet,
is waarschijnlijk ook een gebrek in jezelf.
Als je dat gebrek niet zou hebben,
zou je het niet zo snel hebben opgemerkt.

Niemand is intrinsiek goed of slecht.
Alleen de omstandigheden waaronder we
elkaar ontmoeten zijn goed of slecht.
Een misdadiger die er toevallig voor zorgt
dat ik niet onder een auto kom
is een door God gestuurde engel.
Iemand die de Nobelprijs voor de Vrede heeft gewonnen
en in de metro tegen me aan botst
is een hufter.

In een groepje van zeven of acht mensen
zijn er zeker een of twee die ons heel aardig vinden
en een of twee die niet zo dol zijn op ons.
Neem het niet persoonlijk; zo zit de wereld gewoon in elkaar.

Laat mensen hun eigen mening hebben
– daar hebben ze recht op.
De problemen beginnen pas
als je hun mening wilt veranderen.
Dat is niet alleen onmogelijk en nutteloos
maar ook onnodig.
De wereld zou saai zijn als iedereen precies hetzelfde dacht.
Als je de mensen hun vrijheid laat,
zul je die van jou ook vinden.

Wat is het nut van een designertas,
als het gedrag van de draagster niet net zo verfijnd is?

Hoe meer je je echtgenoot, kinderen of vrienden probeert
te veranderen,
hoe moeilijker en belastender je relaties worden.
Mensen veranderen niet gemakkelijk,
tenzij ze enorme moeilijkheden meemaken of een levens
veranderende ervaring hebben.

Ooit vertelde een boeddhistisch leermeester me
dat er twee soorten kinderen zijn op deze aarde:
kinderen die worden geboren om de vriendelijkheid
van hun ouders te vergelden
en kinderen die worden geboren om alleen te nemen
wat hun ouders hebben.

Vraag je eens af:
Welk soort zoon of dochter ben ik voor mijn ouders?

Als je denkt dat je echtgenoot niet zal veranderen
en je je zorgen maakt over hoe de rest van je leven samen
eruit zal zien,
vraag je dan eens af:
Ben ik perfect in de ogen van mijn echtgenoot?

Als je met een probleem in je relatie te maken krijgt,
zal dat nooit worden opgelost
als je begint met de vraag: 'Waarom begrijpt hij me niet?'
of: 'Waarom doet hij niet gewoon wat ik zeg?'
Dat komt doordat die benadering met een eis begint.

Begin in plaats daarvan met de vraag:
'Waarom voelt hij zich ongelukkig en niet begrepen?'
of: 'Welke ervaring in het verleden zorgt ervoor
dat hij op deze manier reageert?'
Als je begint met de bedoeling hem te begrijpen,
bevrijdt je hart zich uit de gevangenis van je opvattingen
en opent het zich voor zijn pijn.

Mensen die gemakkelijk anderen negeren
doen dat omdat ze bang zijn genegeerd te worden.

Waarom kun je die vriend niet vertrouwen?
Omdat je heel goed weet
dat jij onder dezelfde omstandigheden
ook in staat zou zijn tot liegen.

We worden echt gelukkig
als we iemand ontmoeten die ons neemt zoals we zijn.
Zelfs als we succes hebben
kunnen we ons nog onbekwaam en onzeker voelen
als we ervan overtuigd raken
dat er iets aan ons mankeert.

Volgens bepaalde psychologen kun je gelukkig worden
door twee eenvoudige vragen te stellen.
Ten eerste: Heb je werk dat iets voor je betekent?
Ten tweede: Heb je een goede relatie
met de mensen om je heen?

Ben je eenzaam omdat je alleen bent?

Volgens de Talmoed heeft elk grassprietje
een engel die hem beschermt.
De engelen fluisteren tegen elk sprietje:
'Groei, groei!'

Als zelfs een grassprietje een engel heeft,
zouden wij die dan niet hebben?
Denk als je je eenzaam voelt
aan de engel op je schouder
en wees dankbaar dat er voor je wordt gezorgd.

Er vliegt al twee dagen een mug in mijn kamer rond
en hij heeft me nog steeds niet gebeten.
Goed, we kunnen wel samenwonen.
We moeten wat karmische overeenkomsten delen.

We wonen tussen ontelbare relaties:
familie, vrienden, collega's, buren, enzovoorts.
Het leven is goed als de relaties goed zijn.
Alleen gelukkig zijn duurt niet lang.

Voor spirituele beoefenaars
zijn relaties de ultieme test.
Zelfs al ben je je bewust geworden van je verlichte aard,
dan nog moet je verder gaan op je spirituele reis
als je niet in harmonie met anderen leeft.

5 LIEFDE

De eerste liefde

Tussen ons in, Mary, staat een onbekende god.

– KAHLIL GIBRAN*

IN MIJN TIENERTIJD maakte ik voor het eerst kennis met de boeken van Kahlil Gibran. Ik dook onder in zijn woorden zonder te weten wie hij was of waar hij vandaan kwam. Ik had de zoetheid van de liefde of de bitterheid van het leven nog niet geproefd, maar ik raakte in de ban van zijn liefdesgedichten en spirituele proza. Waarschijnlijk waren het zijn gedichten die me voor het eerst in contact brachten met iets onuitsprekelijk moois en heiligs in mezelf. Toen ik *De profeet* en *Jezus, de zoon des mensen* voor het eerst las, voelde ik een diepe eerbied en verbondenheid met Jezus. Dat was een nieuwe er-

* Virginia Hilu, red., *Geliefde profeet: de liefdesbrieven van Kahlil Gibran en Mary Haskell en haar privédagboek* (New York: Alfred A. Knopf, 1972).

varing voor me, want daarvoor was ik alleen maar blootgesteld geweest aan droge, moralistische christelijke leerstellingen over goed en kwaad.

Nog fascinerender waren de liefdesbrieven tussen Gibran en Mary Haskell, zijn goede vriendin en spirituele partner. Die brieven zetten mijn onervaren tienerhart op de kop en ik ging naar ware liefde verlangen. Toen ik op de middelbare school zat, las ik tijdens vele lange nachten zijn gedichten. Ik weet nog hoe Gibran zijn liefde in de volgende eenvoudige, maar verfijnde zin beschreef:

Uitingen van liefde zijn maar klein vergeleken
*met het fantastische erachter.**

Gibrans milde wezen en zijn taal raakten me diep. Zelfs al was ik nog nooit verliefd geweest, toch raakten zijn woorden me alsof ik het zelf meemaakte.

Volg de liefde als ze je wenkt,
ook al zijn haar paden moeilijk en steil.
En als haar vleugels je omsluiten,
geef je je aan haar over,
ook al verwondt het zwaard dat onder haar
*vleugelpunten ligt je misschien.**

* Kahlil Gibran, *De profeet*.

Ik beloofde mezelf dat als de liefde me zou vinden, ik me er ook met mijn hele wezen in zou storten, zonder rekening te houden met angst, zelfs al zou er zich een diepe pijn achter verschuilen. Maar, zoals iedereen weet, komt de liefde niet alleen omdat je het wilt of omdat je denkt dat je er klaar voor bent. Nee, het wezen van de liefde lijkt zelfs te zijn dat ze ongrijpbaar is: hoe meer je haar probeert te begrijpen, hoe groter de afstand wordt.

Een paar jaar later werd ik op een morgen wakker en besefte ik dat mijn langverwachte liefde me eindelijk had gevonden. Het was alsof een onverwachte gast rechtstreeks mijn hart was ingelopen, zonder te vragen of ik het wel wilde of er klaar voor was. Het is gênant voor een monnik om over zijn eerste liefde te praten, maar ze was een Amerikaanse zendelinge die ik toevallig ontmoette in de straten van Seoul. Ik was geïnteresseerd in religie en spiritualiteit, dus we hadden veel om over te praten. Ze leerde mijn vrienden en mij Engels en wij hielpen haar met haar Koreaans. Hoewel ze een aantal jaren ouder was dan ik, hadden we naast religie en talen meer gemeenschappelijke interesses. We hielden allebei van de muziek van George Winston, de films van Luc Besson en musicals als *Les Misérables*. Ik maakte bandjes met muziek erop voor haar en zij bakte koekjes en taarten voor me. En ook al had ik haast nooit de kans om alleen met haar te zijn, toch verheugde ik me erop haar te zien, zelfs al was het maar in de klas. Al snel besefte ik dat het niet zomaar een verliefdheidje was, het was liefde.

Maar zou die tot bloei kunnen komen? Het lot had besloten dat de liefde maar van één kant kwam. Voor haar was ik alleen maar een middelbareschoolleerling. Na zes maanden zou ze teruggaan naar haar vriend in de vs. Het kon duidelijk niets worden, maar ik kon er niets aan doen dat ik me zo voelde. Als de liefde je vindt, verteert ze je; al het andere wordt onbelangrijk. Mijn gedachten draaiden de hele dag om haar, en mijn hart stond wijd open en was kwetsbaar. Alles leek levendiger en zinvol te zijn. Ik voelde me zo gelukkig als ik aan haar dacht, alsof ik met haar naar de hoogste bergtop van de wereld vloog. Maar toen de dag waarop ze naar huis zou gaan dichterbij kwam, voelde ik ook een ondraaglijk verdriet. Ik was zo gelukkig, maar voelde tegelijkertijd een scherpe pijn.

Twee weken voor haar vertrek naar de vs voelde ik mijn zelfzuchtigheid langzaamaan verdwijnen. Niets was meer belangrijk, alleen zij. Het was alsof ik van de wereld verdween en alleen zij er nog maar was – alsof alles op de wereld uit haar voortkwam. Toen begreep ik eindelijk wat Gibran bedoelde toen hij zei dat er een onbekende god tussen hem en Mary stond. De liefde leek zo heilig en mysterieus, het werk van een god die veel machtiger en belangrijker was dan wie dan ook. Gibrans woorden kregen een nieuwe betekenis. De hele wereld leek heel anders te zijn geworden.

Drie jaar nadat ze uit Korea was vertrokken schreef ze me: ze zou eindelijk met haar vriend gaan trouwen. In die tijd studeerde ik in Californië aan de universiteit en ik wilde naar het zuiden vliegen om haar te feliciteren. Maar ik had het geld niet en ook geen tijd. Maar wat me er echt van weerhield om naar haar bruiloft te gaan was de angst dat het te pijnlijk zou zijn om haar te zien trouwen. Ik kon haar alleen maar schrijven om mijn beste wensen over te brengen, en een cadeautje bijsluiten. Twee jaar later studeerde ik af en besloot ik met een vriend het land te doorkruisen. Toen we door het stadje kwamen waar ze woonde, belde ik haar en vroeg of ze een kop koffie met me zou willen drinken. Ze vond het geweldig om me weer te zien en we haalden herinneringen op aan onze gezamenlijke tijd in Korea. Haar man kwam mee en hij benaderde me heel hartelijk. Hij was heel aardig, net als zij.

Na mijn studietijd woonde ik in Cambridge, Massachusetts, waar ik voor mijn master studeerde. Ik ging vaak naar het South End in Boston, waar Gibrans familie had gewoond toen ze aan het eind van de negentiende eeuw uit Libanon waren gekomen – het South End was in die tijd een van de grootste achterbuurten van Boston, waar vooral Syrische en Libanese immigranten woonden. Tegenwoordig is het een prachtige buurt met huizen van rode baksteen in de typische New England-stijl. Hier groeide Gibran op. Hij woonde er met zijn moeder, broers en zussen en leerde op school

Engels. Hij ging naar de kunstacademie en ontwikkelde zich tot een getalenteerd artiest. In 1904 was zijn eerste expositie en Mary Haskell, die tien jaar ouder was dan hij, werd gegrepen door zijn gevoel voor kunst. Ze zou de rest van zijn leven zijn beschermvrouwe zijn. Gibran stuurde haar brieven vol inzichten over de liefde en het leven, en die brieven hebben zich diep in mijn tienerhart genesteld en zijn tot op de dag van vandaag bij me gebleven.

En als hij tot je spreekt, geloof hem dan
al vernietigt zijn stem misschien je dromen
terwijl de noordenwind de tuin vernietigt.
Want zoals de liefde je kroont,
*zo zal ze je ook kruisigen.**

Haskel verhuisde uiteindelijk vanuit Boston naar het zuiden. Drie jaar later schreef ze Gibran dat ze getrouwd was – net als mijn eerste liefde drie jaar na haar verhuizing naar het zuiden. Doordat ik dit gemeenschappelijk had met Gibran voelde ik me nog meer met hem verbonden en kregen zijn geschriften een nog specialere betekenis voor me. Als ik tegenwoordig terugdenk aan mijn eerste

* Gibran, *De profeet*.

liefde, voel ik geen verdriet meer. In die tijd deed mijn hart echter pijn. Die gevoelens zijn er al lang niet meer, en zij zijn vervangen door een diepe dankbaarheid. Ik ben mijn eerste liefde, Gibran en het universum zo dankbaar dat ze me met het wonder van liefde en toewijding en het gevoel echt te leven hebben laten kennismaken – en dat ze me de ervaring van een verdwijnend ego hebben gegeven, een universum van oneindige betekenissen en een glimp van God.

Als je de liefde zoekt om wat ze jou kan geven,
zal ze zich verstoppen.
Als je de liefde vraagt om te komen omdat je er nu klaar
voor bent, zal ze je deur voorbijgaan.

De liefde is als een ongenode gast.
De liefde komt als ze dat wil.
De liefde gaat als je meer van haar vraagt.

Als je een liefde wilt vinden
die aan bepaalde criteria voldoet,
zal je nieuwe liefde misschien ook
bepaalde dingen van jou vragen.
Laat je eisen snel vallen als de liefde aanklopt.

De liefde is warm en bevrijdend.
Ze is onschuldig, als een kind
zonder bijbedoelingen.

We kunnen bepalen hoe dicht we bij iemand staan
door te vragen:
'Kan ik me in het bijzijn van diegene gedragen
als een klein kind?'
Als we van iemand houden, voelen we ons in ons hart
als een klein kind.

Toen ik op zoek ging naar mijn eerste baan als leraar,
bedacht ik dat dat net zoiets was als een afspraakje.
Misschien vond ik de baan leuk,
maar vond die mij niet leuk.
Of misschien vond de baan mij wel leuk,
maar ik de baan niet.

Om iets heerlijks te koken,
heb je tijd nodig om de ingrediënten te laten marineren.
Om een duurzame relatie op te bouwen,
heb je tijd nodig om vertrouwen op te bouwen.

Temper je enthousiasme wat als je een relatie opbouwt.
Misschien denk je: 'Wat is er verkeerd aan
als ik mijn gevoelens eerlijk toon?
Waarom mag ik haar geen cadeautje geven
en zeggen dat ik van haar hou?'
Je woorden en geschenken betekenen meer voor haar
als ze er klaar voor is.
Hou van haar, niet van je gevoelens.

Liefde moet in balans zijn.
Als je meer van je partner houdt dan hij van jou,
geef hem dan de tijd en de ruimte om bij te komen.
Het is belangrijk om je emoties in te houden
als je gevoelens niet in balans zijn met de zijne.

'Haemin Sunim, ik merkte dat ik me zo aan hem ergerde.
Eerst dacht ik dat dat kwam
omdat ik hem niet aardig vond.
Maar daarna besefte ik dat het kwam
omdat hij niet in mij geïnteresseerd was.'
Zonder reden kwaad worden
kan een uiting van verliefdheid zijn.

Op de lagere school ontmoette ik een meisje
dat me steeds voor gek zette.
Later hoorde ik dat ze dat deed
om mijn aandacht te trekken.
Dat was mijn eerste inzicht in de complexiteit
van de menselijke psychologie.

Een van de ergste gevoelens is het geloof
dat je niet belangrijk bent.
Kijk eens om je heen.
Heb je expres of onbedoeld iemand genegeerd?

Pas als we zelf pijn hebben
denken we aan iemand
die we pijn hebben gedaan
en voelen we echte wroeging.

Het eind van een relatie onthult hoe we zijn.
Zet je koppigheid en boosheid één stap opzij.
Die ene stap betekent meer dan tien stappen
als alles goed gaat.
Hij zal je pijn verzachten en je van de waanzin redden.

Het hart is langzamer dan het verstand.
Het verstand weet dat je afscheid moet nemen,
maar je hart niet.
Dat komt doordat je gevoelens
dieper in je hart zitten.

Als je partner op een dag, na veel teleurstellingen,
de laatste klap uitdeelt,
dooft het licht in je hart definitief.

De gevallen zaden van de gingkoboom zijn
als een mislukte relatie.
Eerst hingen ze zo mooi aan de boom,
maar nu stinken ze als erop wordt getrapt.
Wees net zo voorzichtig met het beëindigen van een relatie
als je was bij het beginnen ervan.

Bewijs dat je echt hebt liefgehad:
je spreekt geen kwaad over je ex,
zelfs niet als de relatie voorbij is.

Soms, nadat een relatie voorbij is,
betrap je jezelf erop dat je zonder bitterheid denkt:
ik hoop dat ze gelukkig is.
Dat is een teken dat je verder bent gegaan.

Pijn die door de een is veroorzaakt,
kan door iemand anders worden geheeld.
Maar zorg voordat je op weg gaat
om iemand anders te ontmoeten,
dat je jezelf de tijd geeft om te helen.
Anders zul je degene die je ontmoet misschien gebruiken.

Een uitzonderlijke relatie is er niet een met een goed begin,
maar een met een goed einde.
Relaties beginnen vaak bij toeval,
maar als het op het beëindigen ervan aankomt
hebben we meestal keuzes.
Kies het eind op een verstandige manier.

Ik hou van je gewoonheid

Na mijn lezing over de dharma kwam je verlegen naar me toe met een fles warme sojamelk in je hand en zei je zacht: 'Sunim, het spijt me dat ik je alleen maar dit kan aanbieden.' Je gaf me de fles en een briefje en verdween in het publiek.

Toen ik je briefje las, was ik heel ontroerd: 'Ik dank je uit het diepst van mijn hart omdat je naar me hebt geluisterd en zo'n onbeduidend, gewoon mens als ik raad hebt gegeven.'

Ik voelde de warmte van de fles nog in mijn hand en het speet me dat ik de kans om nog wat langer met je te praten had gemist. Omdat we elkaar misschien nooit meer zullen ontmoeten, besloot ik om een boodschap voor je in dit boek te zetten in de hoop dat die je zo zal bereiken.

Ik wil dat je weet dat ik van je gewoonheid hou, omdat ik ook gewoon ben. In feite zijn we allemaal gewoon.

Hoe beroemd of knap iemand ook is, hoeveel geld of macht hij ook heeft, hoeveel mooie dingen hij ook heeft bereikt, we krijgen allemaal te maken met tegenslagen, hartzeer en verlies. We krijgen te maken met uitdagingen die we niet kunnen controleren. Eenzaamheid en angst voor de dood zullen bij ons blijven tot aan onze laatste dagen. Iedereen is bezig met dezelfde verraderlijke reis van de vergane glorie van het leven.

En dus hou ik van jou, die zo verlegen voor me stond en zacht mompelde dat je gewoon bent terwijl je me de warme fles van je hart aanbood.

Zonder de liefde
zou ons leven in een oogwenk
voorbij zijn.
Liefde heeft de macht om de wereld een ogenblik
stil te laten staan.

Liefde laat de wereld er mooi uitzien.
Als er liefde is, is er schoonheid.

Als de liefde in je leven opdroogt,
kijk dan naar de schoonheid om je heen.
Daar kun je de liefde vinden.

Je bent mooi,
niet omdat je beter bent dan anderen,
maar omdat er niemand anders is met dezelfde glimlach.
Hopelijk word je verliefd op je unieke zelf.

Op een zomernacht kijk ik omhoog en concentreer me
op een van de vele sterren.
Die ster kiest er ook voor om naar mij te kijken,
een van de vele mensen op aarde.
Een ontmoeting tussen twee mensen is net zo
– een zeldzame, kosmische gebeurtenis.
Een kans van een op de miljoen, miljard, biljoen.

Liefde is
iemand vertrouwen,
er voor iemand zijn,
bereid zijn met een mild hart te luisteren
om geen andere reden dan de liefde.

Soms weten we niet zeker of het gevoel dat we voelen
wel liefde is.
Vraag je op zo'n moment eens af:
'Ben ik blij dat ik meer kan geven, zelfs al heb ik
al heel veel gegeven?'
Als het antwoord 'ja' is, en je er achteraf geen spijt van
hebt, is het waarschijnlijk liefde.

'Houden van' betekent dat je van iemand houdt zoals hij is.
Als je wilt dat hij een bepaald karakter heeft,
is dat geen liefde maar je eigen verlangen.
Probeer niet iemand in naam van de liefde te verbeteren.
Het is alleen een verbetering in jouw ogen, niet in de zijne.

Als iets is voorbestemd om tot een relatie uit te groeien
gebeurt dat meestal ook zonder veel problemen.
Als jij de enige bent die er moeite in steekt,
laat hem dan gaan.
Dat verlicht de druk misschien en motiveert hem
om zijn best te doen.
Als dat niet zo is, dan ontvouwt zich een nieuw pad voor je.

Liefde ontstaat natuurlijk en moeiteloos.
Als je probeert van iemand te houden, wordt dat geen
werkelijkheid voordat je ophoudt met proberen.

Een casting-director laat veel acteurs auditie doen
maar herkent de juiste zodra hij binnenkomt.
Hetzelfde geldt voor een nieuw huis,
een ring met diamanten,
een toekomstige echtgenoot.
Als je aarzelt heb je misschien de ware nog niet gevonden.

Hou van haar
zonder 'stel dat',
zonder berekening,
zonder kritiek achteraf,
zonder haar met anderen te vergelijken.

Hou van haar met de vaste overtuiging van je ziel.
Als een van jullie onwankelbaar is,
kan de relatie blijven voortduren.

Noem het alsjeblieft geen liefde.
Wat jij verwacht is dweperij
zonder betrokkenheid of verantwoordelijkheid.

Verliefdheid is geen liefde
want het begint en eindigt met jou.
Het gaat meer om jouw gevoelens en minder om de ander.

Als we verliefd zijn, doen we graag leuke dingen
voor de ander.
Maar het is net zo belangrijk
om geen onnodige dingen te doen.
Vaak zien we dat deel over het hoofd.

We worden graag betrokken bij de zaken van anderen
en denken dat we dat voor hen doen.
We bieden ongevraagd onze hulp aan
en bemoeien ons met hun leven.
We pakken hun macht weg en zorgen
dat ze zich hulpeloos gaan voelen.
Dat komt voort uit onze behoefte
aan controle en erkenning.
Het heeft niets met liefde te maken.

We zouden van mensen moeten houden
zoals de zon van de aarde houdt.
De zon houdt van de aarde zonder ervoor te kiezen.
Ze voedt bomen en bloemen
en verwacht er niets voor terug.
Ze houdt haar stralen niet achter maar verheldert alles
met haar aanwezigheid.

Kahlil Gibran zei het al:
Hou van elkaar
als twee pilaren die hetzelfde dak steunen.
Terwijl je samen naar de horizon kijkt,
zorg dan dat er wat ruimte is tussen jezelf en je geliefde.
Zonder dat zul je elkaar verstikken en je liefde uitputten.

Onthoud dit:
Als je worstelt om haar vast te houden, verlaat ze je.
Als je besluit haar te laten gaan, blijft ze.

We doen van alles voor degene van wie we houden,
maar soms is 'er alleen maar zijn'
een teken van nog diepere liefde.
Geef het geschenk van je volledige aanwezigheid.

6 HET LEVEN

Ken je kungfu?

ALS IK IN MIJN GRIJZE MONNIKENGEWAAD door New York loop, kom ik vaak jongetjes tegen die Bruce Lee imiteren als ze me zien. Eerst begreep ik niet wat ze deden, maar al snel snapte ik het – ze namen gewoon aan dat iemand met een kaalgeschoren hoofd en een monnikskleed aan, vechtkunsten zou beheersen. Ik vond dat schattig en grappig. Een wat voorlijker jongetje vroeg me zelfs of ik kungfu kende, net als de Chinese monniken in de Shaolin-tempel. Mijn speelse kant wilde een paar quasi-kungfuhoudingen doen en langzaam tilde ik mijn armen en rechterbeen op.

Als volwassenen merken dat ik een boeddhistische monnik ben, vragen ze nieuwsgierig: 'Welk soort meditatie beoefent u?' of: 'Hoeveel uur mediteert u 's morgens? U bent vast heel vredig.' En dan vertellen ze me over hun ervaringen bij een plaatselijk zencentrum of in een yogastudio, of over een boek over mindfulness waarvan ze hebben gehoord. Voor veel volwassenen in het Westen lijkt een boeddhistisch leermeester iemand te zijn die dankzij dagelijkse meditatie sereen en kalm is. Hoewel de veronderstellingen van die kinderen en volwassenen verschillend zijn, heb ik gemerkt dat er een onderliggende gelijkenis is. Zowel kinderen als volwassenen zijn nieuwsgierig naar wat een monnik doet. Met andere woorden: als mensen zich willen voorstellen wat een monnik is, richten westerlingen zich meestal op zijn gedrag.

Als ik in Korea ben krijg ik andere vragen. Zo kan iemand in de metro me bijvoorbeeld vragen: 'Waar staat het klooster waar u woont?' of: 'In welke tempel verblijft u op het ogenblik?' Koreanen schijnen het het belangrijkst te vinden waar iemand woont. Zelfs als Koreanen elkaar voor het eerst ontmoeten, in Amerika, zal de eerste vraag na de kennismaking meestal zijn: 'Waar precies in Korea kom je vandaan?' Het lijkt erop dat je identiteit voor veel Koreanen meer te maken heeft met de stad waar je vandaan komt dan met waar je mee bezig bent.

Steeds als ik terugkeer naar Korea, vraag ik me af waarom Koreanen zo geobsedeerd zijn door hun universiteit, zelfs al zijn ze al boven de vijftig. Natuurlijk is in het grootste deel van de wereld een diploma van een prestigieuze universiteit een voordeel als het erom gaat een baan te vinden. Maar een graad alleen is meestal niet genoeg. Zelfs al heb je een goede baan gekregen, dan nog zijn je vaardigheden en ervaring belangrijker dan de universiteit waar je hebt gestudeerd. Steve Jobs, de medeoprichter van Apple, is daar een goed voorbeeld van. Hij is naar Reed College geweest, maar stopte er na een semester al mee. Als je bekend bent met het Amerikaanse hoger onderwijs, weet je dat Reed een uitstekend *liberal arts college* in Portland, Oregon, is. Maar de gemiddelde Koreaan, die alleen van de *Ivy League* en een paar grote universiteiten in Californië heeft gehoord, zou Reed als minderwaardig beschouwen. Als Steve Jobs Koreaan was geweest, zou deze achtergrond een enorme belemmering voor een succesvolle carrière hebben betekend. Niemand zou zijn ideeën serieus hebben genomen of in zijn bedrijf hebben geïnvesteerd. Men zou hebben gedacht dat hij niet slim genoeg was voor een *Ivy League*-universiteit.

Ik maak me daar zorgen over. Als we iemands

identiteit vooral bepalen aan de hand van zijn geboorteplaats of de school waaraan hij is afgestudeerd, kijken we vooral naar zijn verleden en letten we niet op zijn huidige vaardigheden of toekomstvisie. Alleen degenen die uit een goede familie stammen en de juiste opleiding en connecties hebben krijgen de kans om te slagen, terwijl mensen die een minder ideale achtergrond maar tal van mogelijkheden hebben kansen worden ontzegd.

Als er jongetjes naar me toe komen en me vragen of ik kungfu ken, biedt dat een mogelijkheid voor me om over mijn leven na te denken. Gedraag ik me als een spiritueel leermeester? Of ben ik zelfgenoegzaam geworden in mijn identiteit en heb ik het werk waartoe ik ben geroepen, genegeerd? En probeer ik, als ik iemand voor het eerst ontmoet, te zien wie hij is voorbij zijn sociale score? Reduceer ik mensen misschien tot hun achtergrond en zie ik niet meer wie ze werkelijk zijn? Ik word er opnieuw aan herinnerd dat iedereen, ook zo'n jongetje, onze spirituele leider kan zijn als we ons hart voor hen openstellen.

Het leven is als een stuk pizza.
In een advertentie ziet het er heerlijk uit,
maar als we het eenmaal hebben is het niet zo lekker
als we hadden gedacht.

Als je jaloers bent op iemands leven
denk dan aan de pizza in de advertentie.
Het lijkt altijd beter dan het is.

Heb je weleens een goedkoper gerecht gekozen
dan je eigenlijk wilde,
en vervolgens spijt gekregen van je keuze
toen het voor je stond?
Neem als je je het kunt veroorloven altijd je eerste keuze.
Dat is beter dan een leven vol spijt.

Er zijn veel meer gewone uren in het leven dan ongewone.
We staan in de rij bij de supermarkt.
We zijn uren onderweg van en naar ons werk.
We geven onze planten water en voeren onze huisdieren.
Geluk betekent dat je een ogenblik van vreugde vindt
in die gewone uren.

Als je je concentreert
kan zelfs een telefoonboek interessant zijn.
Als je je verveelt concentreer je je misschien niet.

Ontwikkel overal waar je bent een gevoel van eigendom.
Als je rommel ziet in een kerk, bibliotheek of park,
raap het op.
Als je je eigenaar voelt, heeft je leven meer effect,
en iedereen ziet je goede voorbeeld.

Het is logisch dat Scandinavië beroemd is
vanwege de meubelontwerpen,
want mensen in een kouder klimaat
brengen meer tijd in huis door.
Italië staat bekend om zijn designerkleding.
Het is logisch dat mensen in een warm klimaat meer
aandacht besteden aan hun verschijning buitenshuis.

De plek waar je woont, vormt je.
Woon jij op een plek die bevorderlijk is
voor het najagen van je dromen?

We vinden het niet raar om acht of negen euro te betalen
voor een glas wijn.
En toch aarzelen we als het om een boek gaat
dat hetzelfde kost als twee glazen wijn.

Blijkbaar kunnen de meeste mensen het verschil niet zien
tussen een fles wijn van vijftien euro
en een van vijftig euro.
Het verschil is de prijs van onze ijdelheid.

Als je iets koopt dat je lange tijd zult houden,
zoals een huis of een piano,
kies dan het beste wat je kunt betalen,
niet iets wat ermee door kan.
Misschien denk je nu dat het goed genoeg is,
maar na een poosje krijg je er spijt van.

Een goede klant zegt niet: 'Doe maar wat u het beste lijkt.'
Hij weet precies wat hij wil en maakt dat duidelijk kenbaar.
Als een klant niet kenbaar maakt wat hij wil,
heeft hij misschien nog wel voorkeuren
die als klacht worden geuit
als het werk eenmaal voltooid is.

Als er een probleem is,
neem je dat op met degene die er verantwoordelijk voor is.
Als je er steeds omheen draait
en er andere mensen bij betrekt
omdat je bang bent de verantwoordelijke persoon
overstuur te maken en je relatie te verstoren,
wordt het probleem ingewikkelder.
Ga rechtstreeks naar de bron en regel het met die persoon
zelf, ook al voel je je daar ongemakkelijk bij.

Hoe meer je weet,
hoe meer je denkt dat je niet weet.
Hoe meer je niet weet,
hoe meer je denkt dat je wel weet.

Elk sociaal fenomeen is moeilijk te generaliseren.
De oorzaken ervan zijn verankerd in een ingewikkeld web
van geschiedenis, cultuur, politiek en economie.
Als iemand een sociaal fenomeen
in eenvoudige woorden uitlegt,
is hij óf een expert, óf een dwaas.

Het grootste obstakel als je iets wilt leren
is te doen alsof je iets weet terwijl dat niet zo is.
Je kunt beter toegeven dat je iets niet weet.
Als je doet alsof
moet je doen alsof je het altijd al hebt geweten.
Leren is gemakkelijker als je je trots opzijzet en eerlijk bent.

De barmhartige blik van een gewonde ziel is mooier
dan de naïeve glimlach van de onervaren jeugd.

Het besluit om iemand te overtuigen komt misschien voort
uit het zelf niet helemaal overtuigd zijn.
Ik probeer mensen er ook niet van te overtuigen
dat ik een mens ben.

Draag zelfvertrouwen.
Dat is uiterst modieus.

Als we te sterk aan onze overtuigingen vasthouden,
riskeren we blind te worden voor de realiteit
en alleen te zien wat onze overtuigingen bevestigt.

Iemand die zegt:
'Hij of zij is zo politiek geëngageerd,'
is dat gewoonlijk zelf ook, en vaak nog erger.

Bewondering komt niet gemakkelijk.
In plaats van je het doel te stellen rijk of machtig te worden,
kun je hoger mikken: bewonderd worden
op je eigen gebied.

Een van de grootste zegeningen in het leven
is iemand ontmoeten die we echt bewonderen.
Die persoon wordt een baken van hoop,
dat ons beschermt tegen cynisme.

Soms zet het leven ons op het verkeerde been
en we begrijpen maar niet waarom.
Wanhoop niet.
We zijn niet alleen. We kunnen volhouden.
Ook dit gaat voorbij, net als de hitte van de zomer.

Als je veertig wordt, begin je te denken:
'Gaat het hier nu allemaal om? Is dit alles?'
Het is een verdrietig, hol gevoel – en ik ken het ook.

De liefde,
niet deugdzame woorden,
kan levens veranderen.

Drie bevrijdende inzichten

Op de lentedag waarop ik dertig werd, keek ik in mijn binnenste en besefte ik drie dingen. En op het moment waarop ik me ervan bewust werd, wist ik wat ik moest doen om gelukkig te zijn.

Ten eerste zijn de mensen niet zo in mij geïnteresseerd als ik altijd heb geloofd. Zelf weet ik ook niet meer wat een vriendin van me vorige week aan had. Of hoe haar make-up eruitzag of hoe haar haar zat. Als ik me dat niet herinner, waarom zou zij zich van mij dan wel zulke dingen herinneren? We denken wel aan anderen, maar zelden langer dan een paar minuten. En als we na die paar minuten niet meer aan anderen denken, gaat ons brein terug naar datgene wat voor ons het belangrijkst is. Waarom zouden we ons zo veel uren van ons leven zorgen maken over hoe we op anderen overkomen?

Ten tweede: niet iedereen hoeft me aardig te vinden. Ik vind immers ook niet iedereen aardig. We kennen allemaal wel politici, collega's, klanten en familieleden die we niet kunnen uitstaan. Waarom zou iedereen mij dan leuk moeten vinden? Je hoeft jezelf niet te kwellen omdat iemand je niet aardig vindt. Accepteer het als iets wat bij het leven hoort. Je kunt niet bepalen hoe anderen over je denken. Als iemand je niet aardig vindt, laat hem dan zijn mening. Ga gewoon verder.

Ten derde: als we heel eerlijk zijn tegenover onszelf, doen we de dingen die we voor anderen doen eigenlijk voor onszelf. We bidden voor het welzijn van onze familieleden omdat we ze nodig hebben. We huilen als onze partner sterft omdat we daardoor eenzaam zullen worden. We offeren ons op voor onze kinderen in de hoop dat ze zo zullen opgroeien als wij willen. Tenzij we verlicht worden, zoals de Boeddha of Jezus, is het moeilijk ons diepgewortelde 'met onszelf bezig zijn' achter ons te laten.

Stop met je zorgen maken om hoe anderen over je denken en volg alleen je hart. Vul je geest niet met alleen maar 'wat als'. Maak je leven ongecompliceerd en neem de verantwoordelijkheid voor je wensen op je. Alleen als jij gelukkig bent, kun je helpen om de wereld gelukkiger te maken.

Laat de mening van anderen over jou
niet bepalen wie je bent.
Wijd je aan je dromen in plaats van aan je zorgen
over wat anderen denken.

Als iemand ons niet aardig vindt,
is dat niet ons probleem, maar dat van hem.
Niet iedereen vindt ons aardig.
Dat is alleen een probleem als wij dat toelaten.

Als we klagen dat iets wat we moeten doen te moeilijk is,
voegen we nog een laagje moeilijkheid toe.
Adem diep in en doe het dan gewoon.

Schrijf op:
de naam van de plekken waar je nog naartoe wilt
voor je dood,
de mensen die je nog graag wilt ontmoeten,
de sportwedstrijden die je nog heel graag wilt zien,
de restaurants die je nog wilt proberen.

Doe de dingen op je lijst dan, stuk voor stuk.
Niemand hoeft iets over de lijst te weten.
Je mag best een geheimpje hebben.
Het voelt vast goed om iets alleen voor jezelf te doen.

Het leven is net als jazz.
Een groot deel ervan is geïmproviseerd;
we kunnen niet alle variabelen onder controle houden.
We moeten het met lef en flair leven,
ongeacht wat er op ons pad komt.

We kunnen van onze familie houden
en voor hun geluk bidden.
We kunnen indien nodig hulp en advies geven.
Maar we kunnen geen beslissingen voor hen nemen
of ervoor zorgen dat ze zich zo gedragen als wij willen.
Er zijn een heleboel dingen in het leven
waar we geen controle over hebben.
Daaronder vallen ook de mensen
die het dichtst bij ons staan.

Als je leert om één sport goed te beoefenen, wordt het
gemakkelijker om een andere sport te beoefenen.
Als je één vreemde taal vloeiend leert spreken,
kun je gemakkelijker een andere taal leren.
Als je uitvindt hoe je een zaak moet runnen, is het
gemakkelijker om nog een tweede of een derde te leiden.
Wees niet jaloers op mensen die goed zijn in veel dingen.
Zorg dat je eerst goed bent in één ding,
en al snel zul je goed zijn in twee of drie dingen.

Een majestueuze boom zal als eerste worden omgehakt
en als timmerhout worden gebruikt,
terwijl de bescheiden bomen verder leven.
Zo zal ook een echte leermeester zijn sterke punten
verbergen en nooit over zijn uitmuntende
eigenschappen opscheppen.

Droom groot, maar begin klein.
Een kleine aanpassing kan een groot effect hebben
op je leven.

Als je bijvoorbeeld gezonder wilt zijn, kun je beginnen
met een half uur eerder naar bed te gaan.
Als je wilt afvallen, begin je met water drinken
in plaats van frisdrank.
Als je een belangrijk project moet afmaken,
begin dan met je bureau op te ruimen.

'Laat je gedachten positief blijven,
want je gedachten worden je woorden.
Laat je woorden positief blijven,
want je woorden worden je gedrag.
Laat je gedrag positief blijven,
want je gedrag wordt je gewoonten.
Laat je gewoonten positief blijven,
want je gewoonten worden je waarden.
Laat je waarden positief blijven,
want je waarden worden je lot.'

– MAHATMA GANDHI*

Je geest kan geen twee gedachten tegelijk denken.
Dat betekent dat één enkele gedachte
je hele geest in beslag kan nemen.
Of dat nu iets goeds of slechts is,
alles ontstaat vanuit één enkele gedachte.
Als we voorzichtig met die ene gedachte omgaan,
kunnen zelfs tragedies worden voorkomen.

* Taro Gold, *Open Your Mind, Open Your Life: A Book of Eastern Wisdom* (Kansas City, MO: Andrews McMeel, 2002).

We verkiezen goede woorden boven foute woorden.
We verkiezen eerlijke woorden boven goede woorden.
We verkiezen echte daden boven eerlijke woorden.

De manier waarop je spreekt is vaak belangrijker
dan wat je zegt.
En daden zeggen meer dan woorden.

Kennis wil een stem.
Wijsheid wil luisteren.

Een dwaas mens denkt: dat weet ik al.
Hij voorkomt dat er iets nieuws in zijn brein terechtkomt.
Een wijs mens denkt: ik ken nog niet het hele verhaal.
Hij opent zichzelf voor nog meer wijsheid.

Een gewoon mens let vooral op de dingen
die hij wel of niet leuk vindt.
Een wijs mens let zowel op het geheel als op de details.

Als je over je problemen vertelt aan je vrienden,
verwacht je niet dat zij een oplossing hebben.
Je bent alleen maar dankbaar dat ze er voor je zijn
en naar je willen luisteren.

Als iemand zijn problemen met je deelt,
voel je dan niet geroepen met oplossingen te komen.
Luister alleen oprecht. Dat helpt vaak beter.

Als ik diep binnen in mezelf kijk,
besef ik wat ik werkelijk van anderen wil:
aandachtige oren die luisteren naar wat ik zeg,
vriendelijke woorden die mijn bestaan
en waardigheid erkennen,
zachte ogen die mijn zwakke plekken
en onzekerheden accepteren.

Ik beloof die persoon te zijn voor de mensen om mij heen.

Een slechte chauffeur remt vaak.
Een slechte prater remt ook vaak af
– en onderbreekt de stroom met zijn eigen verhalen.

Je kunt iemand eventjes voor de gek houden,
maar het is moeilijk om dat lang te doen.
De tijd zal leren of iemand vanuit zijn hart heeft gesproken
of dingen heeft verzonnen om te krijgen wat hij wilde.
Zelfs als hij met een vluchtige leugen heeft gekregen
wat hij wilde,
zal het feit dat hij heeft gelogen bij hem blijven
tot op de dag dat hij sterft.

Als er geen jaloersheid of verwachting is,
is zelfs de rijkste of machtigste persoon
alleen maar een ander mens.
Alleen als we jaloers zijn op wat hij heeft
of iets van hem verwachten,
worden we ontevreden en verliezen we
onze zelfbeheersing.

Oplichters praten graag over winst in de toekomst
en houden vol dat het gaat lukken als we naar hen luisteren.
Als onze hebzucht ontwaakt, zijn we bedrogen.

Een slimme onderhandelaar laat de andere partij denken
dat hij heeft gewonnen
en krijgt intussen alles wat hij wil.
Als de andere partij zich gevleid voelt en superieur,
en de slimme onderhandelaar laat doen wat hij wil,
heeft de onderhandelaar in werkelijkheid gewonnen.

Een wrede ironie:
de beloning voor iemand die hard werkt, is meer werk.

Als we snel iets voor anderen doen,
vergeten ze al snel om dankbaar te zijn.
Als we allerlei voorwaarden verbinden aan wat we doen,
zijn anderen enorm dankbaar.

7 DE TOEKOMST

Eén woord van bemoediging kan de toekomst veranderen

In tegenstelling tot het christendom heeft de boeddhistische traditie duizenden heilige geschriften. Sommige zijn uiterst filosofisch, andere alleen verhalen met belangrijke levenslessen erin. Mijn favoriet is de lotussoetra, met daarin zowel filosofische lessen als didactische verhalen. Net als bij elke heilige tekst het geval is, krijg ik elke keer dat ik erin lees meer ontzag voor de diepzinnigheid ervan.

Toen ik onlangs de lotussoetra opnieuw las, trok één hoofdstuk, 'Profetie van Verlichting voor Vijfhonderd Discipelen', mijn aandacht. Hierin wordt beschreven hoe de Boeddha de volledige verlichting aan zijn vijfhonderd discipelen profeteert en hun vertelt dat ze allemaal over een bepaalde tijd boeddha's zullen worden. Een profetie van verlichting is de garantie van de Boeddha, net als zijn voorspelling van wanneer en op welk punt zijn discipelen het uiteindelijke niveau van de boeddhastatus zullen bereiken. De vijfhonderd discipelen zijn opgetogen als ze zijn bemoedigende woorden over hun toekomst horen en doen een plechtige gelofte om voortdurend met spirituele oefeningen bezig te zijn. Altijd als ik dit verhaal van Boeddha's profetie lees, doet me dat denken aan de lerares op mijn lagere school, miss Lee, die grote dingen met betrekking tot mijn toekomst voorspelde.

Ik was een gemiddeld kind. Mijn lengte was gemiddeld en mijn familie behoorde tot de middenklasse. Ik was niet de beste leerling, maar ook geen herrieschopper. Ik herinner me miss Lee als een strenge vrouw van ongeveer vijfendertig jaar. Ze had één zoon die naar dezelfde school ging; ik kende hem goed, want we hadden het jaar daarvoor in dezelfde klas gezeten. Op een dag, toen ik na schooltijd het plein over liep, kwam die zoon naar me toe en vroeg of ik bij hem wou spelen. Hij zei dat zijn ouders nieuw speelgoed voor hem hadden gekocht. Ik wilde graag met hem spelen, maar was ook bang dat ik miss Lee tegen het lijf zou lopen. Mijn vriend begreep mijn aarzeling en verzekerde me dat zijn moeder zelden voor vier uur thuiskwam. Ik zei dat ik mee zou gaan, maar dat ik wel voor vier uur weg zou gaan.

We hadden heel veel plezier met zijn nieuwe speelgoed. Ik werd volkomen in beslag genomen door het spelen en vergat de tijd helemaal. En toen ging de voordeur open en mijn lerares kwam binnen. Ik stond stijf van de zenuwen, bang dat ik straf zou krijgen omdat ik aan het spelen was in plaats van mijn huiswerk te doen. Tot mijn verbazing begroette miss Lee me met een brede glimlach. Ze praatte vriendelijk tegen me en knuffelde me alsof ik haar eigen zoon was. Toen ze me omhelsde, besefte ik dat ze eigenlijk een warm en liefdevol mens was, maar dat ze op school alleen maar streng moest zijn om de klas onder controle te houden. Ze gaf me een lekkernij die haar zoon alleen bij speciale gelegenheden kreeg. Terwijl ik het opat, streelde ze mijn haar en zei: 'Jij wordt nog een goede student en een rolmodel voor je vrienden. Ik weet zeker dat je een groot mens zult worden en heel veel mensen wijsheid en geluk zult brengen.'

Mijn jonge hart was ontzettend geroerd. Na die dag studeerde ik heel hard en probeerde een rolmodel voor de andere leerlingen te zijn. Omdat miss Lee mij vertrouwde, was ik vastbesloten haar niet teleur te stellen. Ik denk dat ik ben geworden wie ik nu ben dankzij de woorden die zij die dag tegen me zei. Zonder haar vriendelijke woorden zou ik nooit het zelfvertrouwen hebben gehad om in mijn studie uit te blinken of om een hoogleraar of spiritueel leermeester te worden.

Volgens de lotussoetra spreekt de Boeddha deze profetie over zijn discipelen uit omdat hij een bovennatuurlijk vermogen heeft om te voorzien wanneer ze het uiteindelijke niveau van de boeddhastatus zullen bereiken. Maar ik denk niet dat ze automatisch de boeddhastatus bereikten omdat ze de profetie van de Boeddha ontvingen, maar dat het te maken had met het geloof dat de Boeddha in hen had, waardoor ze harder werkten om te bereiken wat hun leermeester had voorspeld. Net als de woorden van miss Lee transformeerden de vriendelijke woorden en de liefhebbende blik van de Boeddha het leven van zijn vijfhonderd discipelen. Eén woord van aanmoediging, gesproken met vriendelijkheid en hoop, kan iemands toekomst veranderen, zoals dat bij de vijfhonderd discipelen – en bij mij – gebeurde.

Sommige mensen zeggen dat ze niet echt weten
wat ze in het leven zoeken.
Dat kan zijn omdat ze, in plaats van in contact te komen
met wat ze voelen,
hun leven tot nu toe hebben geleefd
volgens de verwachting van anderen.
Leef je leven niet om anderen tevreden te stellen,
maar om je hartenwensen te vervullen.

Mijn lieve jonge vriend,
voel je alsjeblieft niet ontmoedigd
omdat je iets achterop komt.
Het leven is geen race tegen je vrienden,
maar een levenslange marathon tegen jezelf.
In plaats van te proberen je vrienden voor te komen
kun je ook proberen je eigen, unieke kleur te ontdekken.

'Haemin Sunim, ik hoop dat je een groot leermeester
wordt, net als de dalai lama.'
'Dank je voor je vriendelijkheid,
ik bewonder Zijne Heiligheid heel erg.
Maar ik wil de dalai lama niet worden.
Ik wil Haemin Sunim worden.'

Schiet niet heen en weer als een school vissen
alleen omdat je vrienden dat ook doen
of omdat anderen zeggen dat je dat moet doen.
Blijf je overtuigingen trouw.
Zet het bestaande paradigma op zijn kop
en word een trendsetter.

Als ik een kind had,
zou ik hem bepaalde dingen willen leren:
hoe beroemd, machtig of rijk sommige mensen ook zijn,
ze zijn niet zo anders dan anderen.
We verlangen naar diepe verbinding
en onvoorwaardelijke aanvaarding.
We hebben dezelfde onzekerheden
en behoefte aan goedkeuring.
Er is geen reden om je minderwaardig te voelen.

Onthoud dit als je een kind opvoedt:
het is goed als je kind het op één vlak goed doet
en niet zo goed op andere vlakken.

Een restaurant dat een paar goede gerechten serveert,
bouwt waarschijnlijk een betere reputatie op
dan een met een uitgebreid menu.
Help je kind om zijn interesse uit te diepen.

Intelligentie heeft niet alleen te maken met hoge cijfers.
Het gaat ook om het vermogen om mee te voelen
en je af te stemmen op de gevoelens van anderen.

❁

Ben je een ouder die alles onder controle wil houden?
Besteed je te veel aandacht aan je kind?
Als het antwoord 'ja' is, geef dan wat van die aandacht
aan je eigen ouders.
Als je goed bent voor je eigen ouders, leert je kind
hoe hij jou in de toekomst moet behandelen.

Sommige kinderen leren al op jonge leeftijd te rivaliseren, zich zorgen te maken over wat hun ouders zullen zeggen, onzeker te zijn over hoe hun vrienden hen zullen beoordelen.

Laat hun weten dat het goed is
om van het leven te genieten.
Help hen talenten te ontdekken
waarvoor geen cijfer kan worden gegeven.
Respecteer hen zodat ze weten hoe het voelt
om gerespecteerd te worden.

Waarom leer je op de middelbare school geen belangrijke levensvaardigheden?

Bijvoorbeeld:
koken,
wat je kunt doen als je een afspraakje hebt,
hoe je je gewicht op peil kunt houden,
hoe je financieel verantwoord bezig bent,
hoe je jezelf oppept na een tegenslag,
hoe je bedachtzaam omgaat met je gedachten en emoties.

In plaats van een cv op te bouwen,
alleen maar om een baan te krijgen,
kun je ervan genieten dat je iets nieuws leert.
Doe het niet alleen om een doel te bereiken,
maar beleef ook plezier aan de manier waarop.

Ook al heb je misschien andere motieven
om vrijwilligerswerk te doen,
tijdens het proces van anderen helpen
en verbinding met hen maken,
ontdek je misschien de zin van het leven en van het geluk.
Daarom is het zo belangrijk om vrijwilligerswerk te doen,
wat de reden ook is die je beweegt.

Als het op het leren van een nieuwe vaardigheid aankomt,
zijn er twee soorten mensen.
De ene soort bestudeert de typemachine liever eerst,
de andere begint meteen op de toetsen te slaan.
De ene soort wil liever eerst de grammatica
van een vreemde taal beheersen,
terwijl de andere de taal op straat leert,
indien nodig met handen en voeten.

Over het algemeen leert de tweede soort sneller dan de eerste, omdat de tweede niet bang is fouten te maken.

Je kunt niet tot in de puntjes voorbereid zijn.
Het leven is een avontuur waardoor we leren
en volwassen worden.
Natuurlijk moeten we al onze opties
zorgvuldig overwegen.
Maar als we wachten tot we honderd procent zeker zijn
is het vaak te laat.

Als je op het punt staat een belangrijke beslissing te nemen,
is er altijd een moment van aarzeling
voor je op de stippellijn tekent.
Wijk niet terug. Je bent zover gekomen
na zorgvuldig te hebben nagedacht.
Kijk niet achterom. Ga moedig verder op je pad,
onverstoorbaar als een neushoorn.

Soms moet je opkomen voor je overtuigingen.
Je kunt niet iedereen tevredenstellen.
Laat je niet weerhouden omdat je bang bent
dat iemand kritiek op je zal hebben.
Misschien maak je een paar vijanden, maar veel anderen
zullen respect voor je hebben omdat je opkomt
voor de dingen waarin je gelooft.

Wijs niet te veel kansen af.
Als je volhoudt dat je meer voorbereiding nodig hebt,
word je misschien niet meer uitgenodigd
wanneer je denkt dat je er klaar voor bent.
Je bent er klaar voor.
Je kunt de uitdaging aan.

Zeg 's morgens als je wakker wordt tegen jezelf:
'Ik ben vandaag niet passief
en doe niet alleen wat anderen zeggen.
Ik neem de leiding en bepaal mijn eigen lot!'

Stel jezelf een doel voor een week.
Er is een groot verschil tussen wel of niet een doel hebben.
Een waardevolle prestatie kan zijn oorsprong vinden
in één enkele gedachte.

❁

Zelfs al heb je maar een bescheiden droom,
houd die niet voor jezelf. Praat erover met anderen.
Als je er tien mensen over hebt verteld,
is het waarschijnlijker dat je droom uitkomt.

❁

Probeer deze dingen eens tegelijkertijd:
doe alsof je al een kampioen bent
en werk er ijverig aan om er een te worden.
De kloof tussen geloof en werkelijkheid
zal zich al snel sluiten.

Als je je roeping zoekt

HET IS NIET GEMAKKELIJK om je roeping in het leven te vinden. Hoewel sommige mensen al op jonge leeftijd weten wat ze willen, duurt het voor velen jaren om hun weg te vinden. Als iemand mij iets vraagt over zijn of haar roeping, geef ik altijd het volgende advies.

Ten eerste: een van de redenen waarom het moeilijk is om je roeping te vinden is dat je gewoon niet weet welke soorten banen er zijn. Waar kun je andere opties vinden dan die die je al kent van familie en vrienden?

De gemakkelijkste manier om jezelf bloot te stellen aan een aantal indirecte ervaringen is door erover te lezen. Heb je over wetenschap, reizen, mode, kunst of politiek gelezen? Wat dacht je van onderwijs, psychologie, financiën, gezondheid, voeding, muziek of sport? Lees veel over verschillende beroepen. Je kunt ook een biografie lezen van iemand die je bewondert en die je wilt trachten te evenaren. Boeken verbreden je horizon en laten je nieuwe mogelijkheden zien.

Ten tweede: het is moeilijk om je roeping te vinden omdat veel mensen geloven dat ze alleen maar naar binnen hoeven te kijken om te ontdekken wat hun passie is. Ook al is het waar dat we aangeboren interesses en talenten hebben, we weten vaak niet welke, tot we er in het echte leven ervaring mee opdoen. Een brede ervaring kan je helpen je innerlijke passie te ontdekken.

Probeer verschillende parttimebanen uit, loop stage of doe vrijwilligerswerk.

Wees niet bang om je mouwen op te rollen en erin te duiken.

Als je ondergedompeld bent in de realiteit van een baan, ontdek je of die goed bij je past of niet.

Werkervaring kan de poort openen naar een carrière waarover je nog nooit had nagedacht.

Ten derde: het is moeilijk om je roeping te vinden zonder genoeg zelfbewustzijn. Weet je in welke werkomgeving je op je best bent? Haal je je energie uit interactie met mensen? Presteer je goed onder druk? Wat zijn je sterke punten, wat je zwakke?

Je kunt je zelfbewustzijn vergroten door in zo veel mogelijk situaties met zo veel mogelijk mensen om te gaan. Terwijl je relaties onderhoudt, ontwikkel je een dieper begrip voor jezelf – ze spiegelen je sterke en zwakke punten in verschillende omstandigheden. Wees niet bang om nieuwe mensen te ontmoeten. Leer mensen kennen die op een gebied werken waar je interesses liggen. Ga daten – nog een goede manier om iets over jezelf te leren. Ontdek welke soorten mensen bij jouw persoonlijkheid passen. Door deze ervaringen krijg je inzicht in de soort mensen met wie je je omringt.

Tot slot: kies je carrière niet op basis van wat anderen van je keuze vinden. Anderen denken niet zo veel aan jou. Als je denkt dat je iets leuk zult vinden, denk er dan niet te lang over na. Doe het gewoon. Zelfs al pakt het niet uit zoals je had gedacht, dan nog zul je het waarderen omdat je er iets van hebt geleerd.

Ik wens je er heel veel geluk mee!

Meet je eigenwaarde niet af
op de weegschaal van je bankrekening
maar met de frequentie van je gulheid.

De universiteit waaraan je bent afgestudeerd
is niet zo belangrijk.
Het leven dat je hebt gekozen om na de universiteit
te gaan leiden wel.

'Als ik personeel nodig heb, wil ik graag mensen met
zelfvertrouwen die het ook kunnen toegeven
als ze ongelijk hebben.
Bij die mensen hoef ik verder niet naar diploma's te kijken,
omdat ze zelfverzekerd zijn maar hun ego
niet in de weg laten zitten.'

– AHN CHEOL-SOO,
ZUID-KOREAANSE SOFTWAREONDERNEMER

Als je een baan zoekt, probeer dan uit te vinden hoe lang
de werknemers bij een bedrijf blijven.
Dat is belangrijker dan de omvang van het bedrijf
of het salaris dat je aangeboden krijgt.
Als het verloop onder het personeel groot is,
zegt dat heel veel.

Ben je nerveus of zelfs doodsbang voor een nieuwe baan?
Komt dat doordat je bang bent
om je nieuwe werkgever teleur te stellen?
Doe gewoon je best, zonder al te zelfbewust te zijn.
Zelfs al is je werk niet buitengewoon, als je oprecht en
toegewijd bent zullen je baas en je collega's je waarderen.

Als je op een werkplek komt die er veel beter uitziet
dan die van jou,
bekijk die dan beter in plaats van er jaloers om te worden.
Misschien zie je wel een schaduwzijde
waardoor je eerste indruk verandert.
Op het moment dat je dat beseft, zul je dankbaar zijn
voor je huidige baan.

❁

Om een goede werkgever te zijn heb je veel meer nodig
dan veel technische kennis.
Het is belangrijk dat je integer bent
en een positieve relatie met het personeel hebt,
goede feedback geeft en professioneel advies,
en dat je oog hebt voor de behoeften van het team.

Een werkgever moet zich er niet te veel mee bezighouden
hoe mensen over hem denken.
Dat is niet zo belangrijk.
Hij dient zich te richten op de vraag welke invloed zijn
werk heeft op het personeel en de klanten.

Een wijze leider stelt geen team samen
met alleen mensen die het met hem eens zijn.
Hij heeft iemand nodig die het niet met hem eens is,
zodat hij zijn blinde vlekken herkent.

Een onbekwaam leider probeert alles
tot in het kleinste detail te regelen.
Zijn personeel zal alleen doen wat hij hen opdraagt.
Een vakkundig leider weet hoe hij werk moet delegeren
en wacht tot zijn ondergeschikten de verantwoordelijkheid
op zich nemen en de taak succesvol afronden.

Toewijding aan een baan dient niet afgemeten te worden
aan hoeveel uren iemand maakt
of aan hoe vaak hij afstand doet van vrije dagen,
maar aan hoe effectief zijn werk is
en welke bijdrage hij aan de zaak levert.

Mensen hebben vaak onrealistische verwachtingen
van het succes van hun eerste boek, cd of show.
Zonder oorzaak is er geen gevolg,
en succes is niet alleen het gevolg van geluk
als er geen jaren voorbereiding en hard werken
aan vooraf zijn gegaan.

Het is niet altijd goed om te krijgen wat je wilt.
Als alles zo gebeurt als je wilt,
is het gemakkelijk om lui en arrogant te worden.
Misschien verlies je ook het vermogen om mee te leven
met mensen in moeilijkheden.
Elke moeilijkheid die je ervaart
kan een belangrijke levensles zijn.

Een jockey geeft een stilstaand paard niet met de zweep.
Dat doet hij alleen bij een rennend paard.

Leer een berisping van je leraar beleefd
in ontvangst te nemen.
Hij doet dat omdat hij om je geeft.
Hij gelooft dat je het beter kunt.

Je vrijheid is belangrijker dan geld.
Het is beter het soort leven dat je wilt te leven
dan meer te verdienen en beperkt te worden.
Verkoop je vrijheid nooit.

Als iemand je ervan wil overtuigen zijn pad naar succes
te volgen, maar is dat niet jouw hartenwens,
luister dan naar je hart voor het te laat is.

De vaagste en minst effectieve uitdrukking:
'Ik wil iets, het maakt niet uit wat.'

Sommige mensen zouden het liefst willen
dat al hun beslissingen voor hen gemaakt zouden worden
– waardoor charismatische sekteleiders misbruik
van hen kunnen maken.

Doe nooit afstand van de macht om beslissingen
over je leven te nemen.
De Boeddha en Jezus bestaan omdat jij bestaat.
Jij bent de eigenaar van je leven.
Waardeer jezelf eerst.

Ik ben monnik geworden omdat ik wilde weten
wat de betekenis van het leven is.
Omdat ik me bewust wilde worden van mijn echte wezen.
Omdat ik mezelf niet wilde onderwerpen
aan de maatstaf van succes van anderen.
Omdat ik niet wilde sterven na een leven vol strijd
om geld en macht.

Er is maar één manier om te bungeejumpen: springen!
Hoe meer je erover nadenkt, hoe moeilijker het wordt.
Te veel denken heeft alleen angst en twijfel tot gevolg.
Schreeuw niet langer: 'Stel dat?'
en neem de sprong gewoon.

Als je niet passief wordt door de behoefte
bij iemand in de gratie te komen,
kun je trots en zelfverzekerd zijn,
met wie je ook te maken hebt.
Als je een respectabel, eerlijk leven hebt geleid,
is het niet nodig om bang te zijn de waarheid te spreken.

De grote Koreaanse zenmeester
Kyeongbong (1892-1982) zei eens:
'Mensen die hun Ware Zelf niet erkennen,
leven als blinden.
Ze krabben onbedoeld andermans been.
Als je alleen je eigen been wilt krabben,
moet je eerst ontwaken tot je Ware Zelf.'

8 SPIRITUALITEIT

Vrienden die je jaren niet hebt gezien

Spreek geen oordeel uit over andere mensen;
dan zullen zij ook over u geen oordeel uitspreken.
Want zoals u anderen behandelt,
zult u zelf behandeld worden.
– MATTHEÜS 7:1-2

ALTIJD ALS IK DE BIJBELTEKST hierboven lees, word ik herinnerd aan een vergelijkbare filosofie in de boeddhistische traditie, karma genaamd. Zoals veel mensen wel weten, is het de wet van oorzaak en gevolg, die in het Westen vaak beknopt wordt omschreven als: 'Wat je zaait, zul je oogsten' of 'Wie de bal kaatst, kan hem terug verwachten'. Het is een mooie aansporing om ervoor te zorgen dat we de consequenties van onze gedachten, onze woorden en ons gedrag onderzoeken. Ook al ben ik boeddhist, toch ben ik beïnvloed door veel passages uit de Bijbel. De eerste keer dat ik de Bijbel pakte om hem serieus te bestuderen, was tijdens mijn studie, voor de lessen religies vergelijken. Ik las over de geschiedenis van het christendom en analyseerde verschillende Bijbelse lessen, en al snel opende ik mijn hart ervoor. Ik besefte dat de Waarheid niet het exclusieve eigendom van een bepaalde religie is. Er is een universele hoedanigheid die ervoor zorgt dat mensen uit verschillende religieuze tradities dat begrijpen en respecteren.

Ongeveer twee jaar geleden kreeg ik de unieke gelegenheid om samen met oudere monniken van mijn boeddhistische orde naar een Frans dorpje in het oosten van Bourgondië, genaamd Taizé, te gaan. Het is een oecumenische christelijke kloostergemeenschap, waar de monniken volgens de Bijbel leven. Taizé is beroemd als christelijk pelgrimsoord en trekt jaarlijks meer dan honderdduizend jongvolwassenen vanuit de hele wereld. De pelgrims verblijven meestal een aantal dagen in de gemeenschap en doen mee aan het ochtend-, middag- en avondgebed en aan stille overdenking en discussies in kleine groepen. Ik kende de ontroerende liederen van de gemeenschap al en verheugde me erop om hun prachtige gebedsdienst mee te kunnen maken.

Toen we in het pittoreske Taizé aankwamen, werden we hartelijk begroet door de broeders. Ze waren gekleed in witte mantels; hun glimlach was vriendelijk en hun verschijning vreedzaam. Het leken wel geïncarneerde engelen. Onze lichtgrijze monnikengewaden leken behoorlijk veel op hun witte en het leek wel alsof we één grote familie waren geworden. De broeders gaven ons een rondleiding en zongen als officieel welkom 'Confitemini Domino' – een van de mooiste liederen die ik ooit in mijn leven heb gehoord. We werden uitgenodigd in hun verblijven en hadden een fijn gesprek, gevolgd door het middaggebed in de Verzoeningskerk. Hoe meer tijd we in Taizé doorbrachten, hoe meer overeenkomsten ik zag met het boeddhistische kloosterleven. De broeders brachten uren in stil gebed door – de manier om in verbinding te komen met de God in hen, net als onze stille meditatie. Een andere overeenkomst was dat de broeders een ring droegen om hun geloften aan God kenbaar te maken; monniken in mijn orde 'dragen' een kleine, met wierook gemaakte, brandwond op onze linkerarm als we ingewijd worden.

Sommige mensen denken misschien dat het leven in zo'n gemeenschap beteugelend, streng en moeilijk is, maar dat is niet het geval. Het kloosterleven wordt gekenmerkt door eenvoudige schoonheid en onverwachte blijdschap. Monniken vinden geluk in dingen die onbelangrijk zijn voor mensen die het materiële vertoon van het succes nastreven. Het wisselen van de seizoenen zien – bloeiende magnolia's, herfstkleuren, de eerste sneeuw –

brengt ongelooflijk veel vreugde en dankbaarheid. Een eenvoudige maaltijd, gemaakt van verse ingrediënten uit de bergen dichtbij is een bron van grote tevredenheid. Omdat onze kloosterbroeders onze vrienden, leermeesters en familie zijn, voelen we ons nooit eenzaam.

Bij de lunch kregen we tot onze grote verrassing *kimchi* (verzonken groente) geserveerd. We hoorden dat de broeders een paar dagen voor onze komst bij elkaar waren gekomen om het zelf te maken. We waren geroerd door hun gastvrijheid en wisten niet wat we terug konden doen. Hoewel we verschillende religies aanhingen en uit verschillende landen kwamen, verwelkomden ze ons met aandacht en liefde. Toen we vertrokken, hadden we het gevoel dat we neven hadden bezocht die we al jaren niet hadden gezien. Ik wist dat ik deze band de rest van mijn leven zou koesteren. Als ik nu een van de oudere monniken met wie ik samen in Taizé ben geweest ontmoet, denken we nog steeds met plezier terug aan de kimchi met baguettes.

'Hoe moeten we een ander spiritueel pad zien?'
We moeten het met nederigheid benaderen
en met de bereidheid iets over een andere traditie te leren.
Als ons geloof alleen al gaat wankelen
doordat we iets over een andere traditie leren,
is dat geloof het niet waard om mee door te gaan.'
– DOMINEE DR. KANG WON YONG (1917-2006)

Mijn geloof is me dierbaar en betekent veel voor me.
Zou dat voor mensen met een ander geloof niet net zo zijn?
Mijn moeder is me dierbaar en is belangrijk voor me.
Zou voor mijn buurman en zijn moeder
niet hetzelfde gelden?

Ik hoop dat mensen verschil kunnen maken tussen de
zekerheid van hun geloof en de dwaasheid
van het aanvallen van andere geloven.
Ik hoop dat het geloof nooit een ideologisch wapen zal zijn
om geweld te rechtvaardigen.

Als Jezus, Boeddha en Confucius allemaal tegelijk leefden
en op dezelfde plaats waren,
zouden ze dan ruzie maken over wie gelijk heeft?
Of zouden ze elkaars leerstellingen respecteren
en bewonderen?
Religieuze conflicten kunnen vaak worden bekritiseerd,
niet om de stichters van religies
maar om de fanatieke volgelingen ervan.

'Het doel van religie is zelfbeheersing,
niet het bekritiseren van anderen.
Wat doe ik allemaal aan mijn boosheid, gehechtheid,
haat, trots en jaloersheid?
Dat zijn de dingen waar we in ons dagelijks leven
op moeten letten.'

– ZIJNE HEILIGHEID DE DALAI LAMA

Als de essentie vergeten wordt, nemen rituelen het over.
Als rituelen de spirituele oefening gaan domineren,
worden uiterlijkheden belangrijker dan
onze innerlijke ervaring.
Als je bijvoorbeeld mediteert omdat je hoopt verlicht te
worden, is het niet zozeer belangrijk hoe lang
en met wie je mediteert,
als wel op welke manier die meditatie je hart
en relaties heeft veranderd.

Volgens professor Kang-Nam Oh
kunnen gelovigen ruwweg in twee groepen
worden verdeeld:
mensen met een 'oppervlakkig geloof'
en mensen met een 'diepgaand geloof'.
De eersten zijn verbonden door spirituele symbolen;
zij trekken de symbolen van andere geloven vaak in twijfel.
De laatsten begrijpen de betekenis
die onder de symbolen verborgen ligt.
Zij kunnen vergelijkbare betekenissen vinden
in de symboliek van verschillende spirituele tradities
en de harmonie ervan.

'Ketterij' is een beladen term.
Het is ingezet voor elk geloof of gebruik dat zich niet schikt
naar het overheersende spirituele geloof van een tijdperk.
Als je een spiritueel pad ketterij noemt, bedenk dan dat het
jouwe in het begin ook als ketterij werd beschouwd.

‘Hij die maar één religie kent, kent er geen.’

– MAX MÜLLER (1823-1900), DUITS GELEERDE IN DE VERGELIJKENDE TAALWETENSCHAP, RELIGIE EN MYTHOLOGIE

Onwetendheid ten opzichte van andere spirituele paden,
gecombineerd met angst kan religieuze vervolging
en geweld tot gevolg hebben.
De belangrijkste wijsheidstradities van over de hele wereld
onderrichten nederigheid, liefde en verdraagzaamheid.
Er overkomt je niets ergs als je je erin verdiept.

Je kunt een spiritueel leider bewonderen,
maar verafgood hem nooit.
Blind geloof in een leider heeft al snel tot gevolg
dat je je als een kind gedraagt,
je macht overgeeft en de leider vraagt
van alles voor jou te doen.
Er kan een geneesmiddel worden voorgeschreven,
maar jij moet het innemen.

Een spiritueel leider is als een vinger
die naar de maan wijst.
Als die vinger probeert de maan te worden
kan dat tot een grote zonde leiden.

Voor een algehele gezondheid moeten we alle drie soorten
intelligentie koesteren:
analytische intelligentie, emotionele intelligentie
en spirituele intelligentie.
Als een van die drie uitvalt, vertraagt dat de groei
van de andere twee.

Als je je analytische intelligentie hebt ontwikkeld, maar
je emotionele intelligentie hebt verwaarloosd, ben je
misschien niet gevoelig voor het lijden van anderen.
Als je je emotionele intelligentie hebt ontwikkeld maar je
spirituele intelligentie hebt verwaarloosd, kun je de hoop
verliezen als je het lijden van de wereld ziet.
Als je je spirituele intelligentie hebt ontwikkeld maar je
analytische intelligentie hebt verwaarloosd, kun je ten
prooi vallen aan het misbruik van een sekte.

Wat de omstandigheden ook zijn,
voel je nooit minderwaardig.
Denk eraan dat God je naar Zijn beeld heeft geschapen.
Je bent de waardevolste zoon of dochter van God.
Je bent ook de Boeddha, ook al besef je dat nog niet.
Je hebt dezelfde boeddha-aard
als alle boeddha's in het universum.
Sta niet toe dat iemand ervoor zorgt dat je je minder voelt.

Het geloof wordt overschat en het praktiseren ervan
wordt onderschat.
Als we geloof meer aandacht geven dan het praktiseren
ervan blijft spiritualiteit ideologie, waardoor theologische
conflicten worden gecreëerd.
Maar als we ons concentreren op het opvolgen van de
lessen in dit leven, beseffen we dat de liefde die Jezus ons
leerde niet anders is dan de compassie
die de Boeddha ons leerde.
Als je harmonie wilt tussen verschillende spirituele paden,
moet je in de praktijk brengen wat je predikt.

Drie Bijbelverzen die ik koester:

'Doe voor anderen wat u graag voor uzelf gedaan wilt
hebben, dat is in het kort wat God en de profeten
hebben gezegd.'

– MATTHEÜS 7:12

'Niet alle mensen die "Here" tegen Mij zeggen, komen in het hemelse koninkrijk. Want daar komt u alleen als u doet wat de Hemelse Vader wil.'

– MATTHEÜS 7:21

'Ik zal tegen hen zeggen: "Toen u dit voor een van mijn minste broeders hebt gedaan, deed u het voor Mij."'

– MATTHEÜS 25:40

Twee spirituele paden in één gezin

Als je spirituele pad verschilt van dat van je verloofde, als je broers en zussen je tot hun nieuwe geloof proberen te bekeren, als je kind besluit een ander pad te volgen, kan dat zorgen voor spanning, geremdheid en stress. Er kan onenigheid en ruzie ontstaan, en opeens merk je dat je gaat onderhandelen over de vraag hoe een begrafenis, bruiloft of religieuze feestdag moet worden ingevuld.

Het is ironisch dat spiritualiteit een bron van conflicten kan worden terwijl de leerstellingen vaak over liefde en verzoening gaan. Mensen die problemen hebben met twee spirituele paden in het gezin zou ik de volgende raad willen geven.

Probeer voor alles te begrijpen dat hetgeen waardoor jij je gespannen en geremd voelt, niet de spiritualiteit zelf is, maar de druk van je familie om je aan te passen. Misschien heb je een hekel aan hun dwang en intolerantie. Misschien heb je het gevoel dat hun spirituele pad vreemd en onorthodox is.

Een goede remedie in zo'n situatie is dat je meer over hun spirituele pad te weten komt. Zoek een boek van een gerespecteerd lid van dat pad en lees het goed. Als je ervoor openstaat en bereid bent te leren, zul je al snel aspecten van dat pad vinden die met jouw pad resoneren. Ook al zijn de uiterlijke spirituele symbolen verschillend, toch kunnen de achterliggende betekenissen je vreemd bekend voorkomen.

Je kunt ook een biografie lezen van een groot spiritueel leider in die traditie, zoals Mahatma Gandhi, Martin Luther King jr., Moeder Teresa of de dalai lama. Als je meer weet over hun leven en geloof, zul je hun moed kunnen waarderen en hun pad gaan respecteren. Deze verandering van houding zal de familiedynamiek in positieve zin veranderen. Ook al kun je geen controle uitoefenen op het gevoel dat je familie over jouw pad heeft, dan zul je je in elk geval niet meer ongemakkelijk voelen over dat van hen.

Maar als je familie zo bekrompen blijft en gebrek aan respect blijft vertonen, kun je hen daar vrijmoedig op aanspreken. Vertel hun dat de grote leiders van hun pad zich niet zo gedroegen. Martin Luther King jr. en Thich Nhat Hanh respecteerden elkaar, Thomas Merton en de dalai lama waren goede vrienden.

Degenen die de diepere betekenis onder het oppervlak begrijpen en die proberen nederigheid en vrede te belichamen, herkennen ook het bekende innerlijke licht dat in de ogen van andere religieuze aanhangers schijnt.

Als dat gebeurt, worden ze nederiger en staan ze meer open voor de mysteries van de menselijke incarnatie en voelen ze zich tegelijkertijd verbonden met de kwetsbaarheid van het menselijk hart.

We ontvangen niet meer liefde van God
door erom te vragen.
Nee, we worden ons bewust van de waarheid
dat God ons altijd al onvoorwaardelijk heeft liefgehad.
We worden geen boeddha door dat na te streven.
Nee, we worden ons bewust van de waarheid
dat we altijd al een boeddha zijn geweest.

In het begin neemt ons gebed de vorm aan van:
'Geef me alstublieft dit of dat,'
maar daarna ontwikkelt het zich tot: 'Dank U voor alles,'
en vervolgens rijpt het tot: 'Ik wil op U lijken.'
Uiteindelijk overstijgt het woorden
en bidden we met ons hele wezen in heilige stilte.

Als mijn gebed zich verdiept, hoor ik meer van Zijn stem
dan van mijn woorden.
Als mijn nederigheid groeit, voel ik meer van Zijn liefde
die mijn hart doet overstromen.
Als mijn geest rustig wordt, voel ik meer van Zijn
tegenwoordigheid in elk moment.

Als je geloof en spirituele oefening zich verdiepen,
neemt het gevoel van een afgescheiden zelf of ego af,
waardoor er meer ruimte in je hart komt
om door goddelijkheid gevuld te worden.
Als je vooral hebt gebeden voor je eigen voordeel,
verander dat dan eens en probeer te bidden
om een deel van je controle op te geven.

Als je op die manier hebt gebeden
– 'Geef me dat alstublieft. Ik heb het echt nodig
dat dit gebeurt' –
probeer dan ook het volgende te bidden:
'Vergroot mijn hart om stand te houden
en de dingen te accepteren die ik niet krijg.'
Onderhandel niet met God, Boeddha of welk goddelijk
wezen dan ook om te krijgen wat je wilt
in ruil voor materiële offers.

Als je niet weet hoe je een probleem in je leven moet
oplossen, probeer dan eens te bidden.
Als je je aandacht naar binnen richt en oprecht een
antwoord zoekt, opent iets heiligs binnen in je de deur
van innerlijke wijsheid.

Als je wanhopig probeert een speciaal iemand te ontmoeten, stuur dan een gebed het universum in. Het universum is een geweldige koppelaar.

Monniken kunnen jarenlang bidden, omdat hun gebeden om geluk voor anderen hen gelukkig maken. Als ik voorbereidingen tref om het huwelijk van mijn vriend in te zegenen, word ik ook blij.

Voor onverlichte mensen is niet elke dag een goede dag, omdat ze alleen gelukkig zijn als de dingen gebeuren zoals zij dat willen. Voor verlichte mensen is elke dag een goede dag, omdat ze zich vrij voelen – want ze weten dat niets hun wijsheid kan wegnemen.

Als onverlichte mensen iets goeds doen,
proberen ze hun merkteken achter te laten.
Als verlichte mensen iets goeds doen,
laten ze geen teken achter.

Hoe heiliger een persoon is,
hoe waarschijnlijker het is dat hij zichzelf
een zondaar noemt.
Dat komt omdat hij niet tegen zichzelf liegt.

'De heiligen zijn niet wat ze zijn omdat hun heiligheid
hen bewonderenswaardig maakt voor anderen,
maar omdat het geschenk van de heiligheid
het hen mogelijk maakt iedereen te bewonderen.'
– THOMAS MERTON*

* Thomas Merton, *Zaden van comtemplatie* (Budel: Damon, 2015).

Geestelijken en leermeesters zijn meestal breedsprakig, en oudere geestelijken en leermeesters zelfs nog meer. Ik hoop dat ik niet zo iemand word die eindeloos praat zonder te zien hoe degene die voor me staat zich voelt.

Het is een teken van grote spirituele kracht
als je iemands geheim bewaart.

'Als een geestelijke preekt, moet hij niet alleen
tot de gemeente spreken, maar ook tot zichzelf.'

– DOMINEE HONG JEONG-GIL

Volgens kardinaal Nicolas Cheong Jin-suk,
'is er geen officieel verslag van het Bijbelse verhaal waarin
een vis werd vermenigvuldigd tot twee of drie.
Er is ook geen officieel verslag over vissen
die uit de lucht vallen.
Wat er waarschijnlijk werkelijk gebeurde is dat mensen hun
lunch meenamen en het met anderen deelden nadat ze naar
het ontroerende gebed van Jezus hadden geluisterd.'
Een wonder is niet alleen maar een bovennatuurlijk
fenomeen dat de natuurwetten overstijgt.
Je zelfzuchtigheid loslaten en je hart openen voor anderen
is net zo'n wonder.

Er is een eenvoudige manier om de waarheid van
Boeddha's leerstellingen te testen.
Neem de houding aan die voor jou het gemakkelijkst is.
Houd deze een half uur vast.
De gemakkelijkste houding
wordt al snel de ongemakkelijkste.
Alles is vergankelijk,
ook de gemakkelijkste houding ter wereld.

Dwing jezelf niet een spiritueel pad op te gaan.
Laat de lessen je hart zachtjes openmaken en je leiden.
Laat de lessen oplossen in je hart,
als zout dat langzaam oplost in water.

NAWOORD

Je oorspronkelijke gezicht

Als je het zo druk hebt dat je je altijd opgejaagd voelt, als zorgen door je hoofd vliegen, als de toekomst somber en onzeker lijkt, als je gekwetst bent door iets wat iemand heeft gezegd, doe dan even langzaamaan, ook al is het maar een momentje. Breng al je bewustzijn naar het heden en haal diep adem.

Wat hoor je? Hoe voelt je lichaam aan? Hoe ziet de lucht eruit?

Pas als we langzaamaan doen kunnen we eindelijk onze relaties, onze gedachten en onze pijn zien. Als we langzaamaan doen, raken we er niet in verstrikt. We kunnen een stap opzij doen en ze waarderen om wat ze zijn.

De gezichten van onze familie en collega's die altijd helpen, het landschap waar we elke dag doorheen komen maar dat we niet zien, de verha-

len van onze vrienden waaraan we geen aandacht schenken – in de stilte van de pauze wordt de totaliteit van ons wezen zachtjes onthuld.

Wijsheid is niet iets waar we ons best voor moeten doen. Het komt zelfs van nature als we langzameraan gaan doen en opmerken wat er altijd al was.

Als we steeds meer opmerken in het huidige moment, komen we tot het diepere besef dat er zich een stille toeschouwer in ons bevindt. In de fundamentele stilte is die stille toeschouwer getuige van alles in en buiten ons.

Stimuleer deze stille toeschouwer. Ontdek waar hij zich bevindt en welke vorm hij heeft aangenomen. Probeer niet om hem je voor te stellen als iets wat je al weet. Laat al je gedachten en beelden overgaan in stilte en voel gewoon dat die toeschouwer zich al in die stilte bevindt.

Als je het gezicht van die stille toeschouwer ziet, heb je je oorspronkelijke gezicht, het gezicht van vóór je geboorte, gevonden.